歷史原來這麼有故事

從文明起源到魏晉南北朝

王磊（講歷史的王老師）著

堯舜禪讓其實是
血腥政變

商朝殺活人祭祀
還烹煮

「散步」原來是
嗑了藥

西晉
西晉皇帝的品質
統一低

歷史原來這麼有故事
從文明起源到魏晉南北朝

作者　王磊（講歷史的王老師）
責任編輯　何維民

版權　吳玲緯
行銷　闕志勳　吳宇軒　余一霞
業務　李再星　李振東　陳美燕
副總編輯　何維民
編輯總監　劉麗真
發行人　涂玉雲

國家圖書館出版品預行編目（CIP）資料

歷史原來這麼有故事：從文明起源到魏晉南北朝／王磊（講歷史的王老師）著. -- 初版. -- 臺北市
麥田出版：英屬蓋曼群島商家庭傳媒股份有限公司城邦分公司發行, 2023.07
280面；15×21公分
ISBN 978-626-310-484-6（平裝）
1. CST：中國史　2. CST：通俗史話
610.9　　112008714

出版　麥田出版
104台北市民生東路二段141號5樓
電話：(886) 2-2500-7696　傳真：(886) 2-2500-1967

發行　英屬蓋曼群島商家庭傳媒股份有限公司城邦分公司
104台北市民生東路二段141號11樓
書虫客服服務專線：(886) 2-2500-7718、2500-7719
24小時傳真服務：(886) 2-2500-1990、2500-1991
服務時間：週一至週五09:30-12:00，13:30-17:00
郵撥帳號：19863813　戶名：書虫股份有限公司
讀者服務信箱E-mail：service@readingclub.com.tw
麥田部落格：http://blog.pixnet.net/ryefield
麥田出版Facebook：http://www.facebook.com/RyeField.Cite/

香港發行所　城邦（香港）出版集團有限公司
香港灣仔駱克道193號東超商中心1樓
電話：(852) 2508-6231
傳真：(852) 2578-9337

馬新發行所　城邦（馬新）出版集團【Cite (M) Sdn Bhd.】
41-3, Jalan Radin Anum, Bandar Baru Sri Petaling,
57000 Kula Lumpur, Malaysia.
電話：(603) 9056-3833
傳真：(603) 9057-6622
E-mail：service@cite.my

印刷　前進彩藝有限公司
電腦排版　黃雅藍
書封設計　巫麗雪

初版一刷　2023年7月

定價／350元
ISBN：978-626-310-484-6

原文書名：《歷史這麼有意思》

從上古到中古，從氏族到士族，中華文明的貴族時代。

自序

這是一本歷史普及讀物，你能讀到它，是我們的緣分，更是我的榮幸。

我是一名中學歷史教師，任教已有十餘年。「歷史」一詞的英文是「history」，拆分開來看是「Hi, Story」。我的一位數學老師朋友開玩笑說我是「嗨，故事老師」。這個稱呼倒也沒錯，因為歷史本來就是「故事」，即過去發生的事。所以，講歷史就是在講故事。

任教十餘年來，我一直在探索如何給學生講好歷史故事，也因此積累了許多有趣的歷史知識。網路短視頻興起後，我把上課講過的一些歷史知識製作成短視頻，上傳到短視頻平臺。我講的內容多是古人的日常生活，如古人上廁所用什麼擦屁股、古代的一兩銀子相當於今天多少錢、古代的彩禮和嫁妝貴不貴等。也許是這些話題引起了大家的興趣，相關短視頻的累計播放量，也突破了億級大關。

「古人生活」系列是想讓讀者透過瞭解古人生活的點滴片段，把握大歷史的脈搏，力求見微知著。然而，在宏大而繁雜的中國歷史框架下，這些細節雖能讓讀者感受到歷史的外在魅力，卻不易發掘出歷史的內在線索。換句話說，滿足興趣尚可，系統認知還不夠。在平時的工作與生活中，我也發現身邊的人很渴於瞭解中國歷史的發展脈絡。比如我的一位國文老師同事，在為《曹劌論戰》備課時，特地向我詢問春秋時期貴族社會的特徵。再比如我的一位朋友，在看電視劇《夢華錄》時，興趣盎然地向我瞭解宋朝的社會經濟狀況。綜合這些原因，我萌生了寫一部古代通史讀物的想法，系統而通俗地介紹中國歷史的發展脈絡，便有了這部《歷史原來這麼有故事》。

坦率地講，這部通史讀物的撰寫難度超出了我的預料。因為晚期智人踏上中國這片土地，距今已有數萬年；即便從王朝興起算起，距今也已四千餘年。在如此漫長的時間中，人物和事件猶如恆河沙數。如何選擇取捨，怎樣貫串成線，用何種方式講述，這些問題困擾了我許久。最後，我還是將創作思路回歸到了我的職業上，從我的課堂中尋找靈感。反覆思量之後，我確定了四點撰寫原則。第一，以章回體為敘事結構，每篇獨立成文，上下篇還要有內在關聯，讓讀者像讀故事一樣讀歷史；第二，每一節的文字量不宜冗長，只講一兩個問題，十分鐘就能讀完，不給讀者閱讀壓力；第三，語言風格與平時授課的風格接近，表述盡量口語化，讓大家一讀就懂；第四，確保歷史知識的系統性與專業性，要讓讀者有真正的收穫。簡而言之，這部書既要生動有趣，更要專業、可靠。

在撰寫過程中，我也學習和參考了一些學術著作和論文。其中，朱紹侯老師的《中國古代史》和張帆老師的《中國古代簡史》是我多年來經常使用的備課資料。另外，網路上的北大歷史課堂實錄音訊，也讓我受益匪淺。特別是閻步克老師文采飛揚的課堂講解，讓我收穫了許多創作素材。

經過一年多的撰寫，這部《歷史原來這麼有故事》終於和大家見面了。這部書從人類的起源和晚期智人到達中國講起，一直講到南北朝末期，總共六十篇。實際上，這部書是古代通史的上半部，下半部日後再和大家見面。上半部之所以寫到南北朝時期為止，一是為了和中學歷史教材的分期保持一致，二是為了上下兩部篇幅的均衡。更為重要的一點在於，南北朝時期之後的中國歷史是一個全新的發展階段。日本學者內藤湖南先生在二十世紀提出了著名的「唐宋變革論」，認為唐宋時代是中國中古歷史的結束，也是近世歷史的開始。在過往的歷史學習中，我對這一觀點深有體會。夏商周時期中國是典型的貴族社會，雖被秦朝終結，但兩漢時期又形成了士族群體，並衍生出魏晉南北朝時期的士族門閥政治。無論是先秦的貴族還是漢代以後的士族，都是以血緣為聯繫的貴族群體，社會發展皆以他們為主導。儘管其間有秦皇漢武的大一統嘗試，但貴族政治的基本盤並未改變。從唐宋時期開始，貴族勢力不可逆地走向了衰落。伴隨而來的，是君主權力的不斷強化，平民政治地位的提高，商品經濟與城市的蓬勃發展，社會生活與文化藝術也更加世俗化。綜合上述原因，本部書寫到南北朝，下部書將從隋唐講起。

本書的定位是歷史普及讀物，雖力求知識的專業性，並融入一些史學界的最新研究成果，但仍不可與學術著作同日而語。限於我的才學淺薄，書中難免會有不妥乃至錯誤之處，在此也懇請大家批評指正，以便日後修改。

最後，我還要特別感謝我曾經教過的學生們，正是他們在課堂上所展現出的熱情活力與發散思維，才讓我能夠探索出更多的歷史故事，也才有了這部讀物。史學家錢穆先生曾說，「任何一國之國民，尤其是自稱知識在水平線以上之國民，對其本國已往歷史，應該略有所知」，同時，還要帶著一種「溫情與敬意」。希望我的這本小書，能給大家帶來樂趣與思考，能幫助大家對中國歷史「略有所知」，能夠產生對中國歷史的「溫情與敬意」。

二〇二二年六月一日寫於家中

目次

原始社會篇

夏商周篇

本篇主要講述中國原始社會時期的歷史。原始社會是人類社會的第一個發展階段，是指階級和國家產生之前的社會。

從第一批原始人類出現在中國，到早期國家的出現，中國的原始社會經歷了一百多萬年的時間。以農業的出現為分界線，原始社會分為舊石器時代和新石器時代兩個時期。

在舊石器時代，先後有多批原始人類出現在中國境內，已知最早的是距今約一百七十萬年的元謀人。大約在三萬年前，晚期智人出現在中國。他們最終淘汰了其他原始人類，成了這片土地的主宰。晚期智人不斷演化，生存技能也不斷提升。慢慢地，他們製造出了更高級的打磨工具，懂得了農業生產，還學會了燒製陶器和建造房屋。對這些技能的掌握，使他們在大約一萬年前進入了新石器時代。

新石器文明遺址廣泛分布於中國各地，猶如滿天星斗。

新石器時代，相對充足的食物和定居生活讓人類的繁育速度加快，人口數量也越來越多。原始人群根據血緣關係生活在一起，形成了氏族部落。隨著部落數量的增多和規模的擴大，相鄰部落之間的交流日益密切。逐漸地，數個相鄰部落聯合在一起，形成了部落聯盟。月明星稀，中原地區的炎黃部落聯盟最終勝出。大約在四千年前，中原地區出現了早期國家，原始社會隨之結束。

原始社會時期是中華文明的孕育時期，中華文明多元一體的特性，也在這一時期鑄就。

原始社會篇

01 人類的起源

神創理論不可靠　晚期智人起非洲

浩瀚宇宙，如同無際大漠。我們生活的地球，只是大漠中的一粒沙。約四十六億年前，這粒沙誕生；約四十億年前，這粒沙上出現了最早的生命。我們人類的出現，只是這粒沙上最近幾百萬年的事。那麼，我們人類是從哪裡來的？是如何產生的？

關於人類的起源，我們的祖先很早就開始思考了。在近代自然科學產生前，人們普遍用「神創論」來解釋這個問題。《舊約聖經》開篇是〈創世記〉，講述的是神創造世界的故事。神用了五天時間先後創造了晝夜、空氣、陸地和海洋、日月星辰、魚和飛鳥。第六天，神按照自己的樣子創造了人，讓人來管理世間萬物。神用六天創造了世界，第七天累了，就休息了一天，因此一週有七天。伊斯蘭教的神創論中，真主阿拉用泥土創造了人。佛教信仰因果輪迴，認為人是從「光音天」飛下來的，輪迴到了人間。

我們中華文明也有自己的神創論，流傳最廣的是女媧造人說。女媧愛玩泥巴，照著自己的形狀，用黃土和泥來捏人。她想捏出一個世界，無奈手速太慢。於是，女媧將繩子放在泥水裡攪和，然後向空中甩，摔下的泥點也變成了人。手工捏出來的人變成了「富人」，而繩子甩出來的人變成了「窮人」。

諸如此類的神創論，在過去的幾千年裡，一直是人類對於自身起源的樸素認知。直到一百多年前，一位偉大的英國生物學家科學地解開了人類起源的謎題，他就是查爾斯·達爾文（Charles Darwin）。達爾文的演化論[1]認為，所有生物物種由少數共同祖先演化而來，經過長時間的變異、遺傳和自然選擇，適應的物種留了下來，不適應的物種就滅絕了，正所謂「物競天擇，適者生存」。我們人類也不例外，是由非洲的古猿（南方古猿）演化而來的。

非洲的古猿先後演化出三種人類。最先演化出的是巧人，約二百萬到一百八十萬年前，他們誕生於非洲東部。拉丁文中，巧人是「*Homo habilis*」，意為「手巧之人」。他們的雙手可以製造和使用工具，這是人和動物的根本區別。後來巧人滅絕了，非洲的古猿又演化出一種「升級版」的人類——直立人。直立人的四肢已經很像現代人了，但容貌上還保留著猿的特徵：粗眉毛，沒腦門，門牙外露沒下巴，扁塌鼻子還拱嘴。這形象放在現代人群裡，大家肯定會被嚇得半死。因為巧人和直立人還很接近猿，所以科學家

1 最早提出生物演化學說的人是法國博物學家拉馬克（Jean-Baptiste Lamarck，一七四四—一八二九），達爾文的《物種起源》奠定了演化論的科學基礎，在這本書中，達爾文多次引用拉馬克的著作。

稱他們為「猿人」。巧人屬於早期猿人，直立人屬於晚期猿人。

「世界那麼大，我想去看看。」直立人充滿了對遠方的好奇，他們走出了非洲，來到世界其他地方。數萬年後，他們中的一支出現於中國。也就是中國境內目前已確認的最早古人類——元謀人。一九六五年，他們的兩顆牙齒化石在雲南元謀被發現；同時被發現的，還有十七件石製工具。根據「古地磁學」[2]技術的測定，元謀人生活在約一百七十萬年前。

在元謀人之後，一批又一批的非洲「直立人移民」出現於中國。大約在七十萬到二十三萬年前，其中的一支出現於今天的北京地區，生活在周口店龍骨山的山洞裡，他們就是著名的北京人（北京猿人）。北京人很喜歡這片土地，在這裡生活了很久，留下了四十多公尺厚的遺址堆積層。一九二一年，瑞典考古學家約翰・安特生（**Johan Andersson**）發現了這處遺址。一九二九年，中國考古學者裴文中在這裡發現了一枚完整的頭蓋骨化石，讓北京人名震世界。可惜，這枚化石在抗日戰爭期間丟失了。

由於北京人太過著名，很多國人將北京人視為祖先，對他們充滿景仰、崇拜之情。但現實可能並非如此。大約二十五萬年前，比直立人更為高級的早期智人在非洲演化出來。大約五萬年前，早期智人演化成了「終極人類」——晚期智人。晚期智人遷徙到世界各地，由於生活環境不同，逐漸分化成黑、白、黃三色人種。大約在三萬年前，晚期智人出現於中國。在這片希望的田野上，他們遇到了先前來到這裡的「非洲老鄉」——北京人。老鄉見老鄉，沒有兩眼淚汪汪，只有你死我活的傷害。物競天擇，適者生存，演化就是這麼殘酷。最終，晚期智人贏了，成為這片土地的新主人，成為我們的直系祖先。

不管你是否願意相信，但科學就是科學。晚期智人在中國這片神奇的土地上扎根繁衍，創造出了燦爛的中華文明。薪火相傳，從未中斷。

2 地球存在著巨大的磁場，但地球磁場的磁北極和磁南極每隔一段時間就會發生倒轉。在某個時期形成的地層土壤和岩石，會帶有那個時期特定磁場方向的特點。地質學家根據地磁學，再結合這一地層的動植物化石的情況，就能大致確定該地層的距今時間。

02 人類的演化

吃烤肉大腦發育　勤思考認知革命

關於人類起源的問題，當前學界有兩種觀點。主流觀點認為，現代人類都起源於非洲，這叫「人類非洲起源說」。同時，也有少數學者仍然堅持「人類多地起源說」，比如有些中國學者就堅信中國人是在本土獨立起源和演化出來的。他們的主要依據是中國境內有完整、不斷續的古人類化石鏈。可是，「人類非洲起源說」不僅有化石證據，還有更可信的DNA（去氧核醣核酸）證據。

DNA技術興起後，科學家開始利用人類的基因組和遺傳信息來探尋人類起源、民族演化等諸多人類學問題。這種將DNA技術和人類學相結合的新興學科，叫作「分子人類學」。一九八七年，英國《自然》雜誌發表了一項重磅研究成果：研究人員選擇了世界各地的一百四十七名婦女，從她們生育的嬰兒胎盤細胞中提取出粒線體DNA並進行分析。最後發現，這些人的祖先都能追溯到一位「始祖奶奶」，她生活在大約二十萬年前的非洲。這位非洲老奶奶是晚期智人中的祖先，也是我們當今全世界人類的共同祖先。今天，科學家已經復原了她眾多後代走向世界的遷徙路線。可以說，「人類非洲起源說」具有確鑿的科學證據。

中國境內的早期人類，除元謀人和北京猿人外，還有重慶巫山人、陝西藍田人等。他們廣泛分布於中國的大江南北，多集中在大河流域。其中，巫山人甚至可能比元謀人出現得還要早，距今可能有二百萬年了。但巫山人的年代和人類屬性問題在學界還存在爭議，所以中國境內目前已確認的最早古人類還是元謀人。不管是什麼人，反正他們最後都被晚期智人所取代了。那麼，晚期智人何德何能，能夠在漫長而殘酷的演化史中笑到最後呢？

科學研究證明，晚期智人之所以能夠笑到最後，在於他們擁有兩個「演化加速劑」：一個是火，另一個是腦子。

其實直立人已經能使用火了，這是他們比巧人更高級的地方。在元謀人的遺址中，發現了用火燒過的骨頭；北京人居住過的山洞裡，甚至有厚達六公尺的燃燒灰燼層。這說明北京人不僅能使用火，還會注意保留火種，讓火一直燃燒，以至於燒出那麼厚的灰燼層。科學家推斷，他們應該是在自然界中偶然得到了天然火，比如說閃電擊中樹木後燃燒的火焰，或者自然界中的自燃現象，甚至有可能是隕石撞擊地球後引發的熊熊大火。

在人類的演化過程中，使用火的意義並不亞於使用工具。想必受過義務教育的人，人生的第一節歷史課上，都曾聽歷史老師講述原始人使用火的好處。火能夠取暖，原始人的山洞會暖烘烘的；火能夠照明，原始人可以應對漆黑的夜晚了。更神奇的是，自然界的其他動物基本都怕火，只有人類不怕，所以還可以用火驅趕野獸，保證家園的安全。當然，原始人還能用火烤肉，與茹毛飲血吃生肉相比，那味道別提有多好了。

實際上，火之於人類演化所帶來的最大作用，還真是吃烤肉——並不是為了滿足腸胃，而是為了滿足大腦。吃熟肉，能夠讓原始人吸收更多的蛋白質和能量，從而加快腦的發育與演化。腦容量的增加，提高了原始人的智商。越是後期的原始人，腦容量就越大，就越聰明，這才是演化的本質差異。南方古猿的腦容量只有四百五十至五百三十毫升，直立人則有一千毫升左右，而智人的腦容量在一千三百毫升以上。從古猿到智人，存在著從罐裝可樂到大瓶裝可樂的腦容量差距。正是這種腦容量差距所帶來的智商差距，讓我們的智人祖先戰勝了其他種類的原始人，最終主宰了地球。

其實智人也分很多個群體，有的聰明，有的不那麼聰明。智人之間的演化競爭更為殘酷，因為他們更聰明、手段更多，輸了的話，下場也會更慘。如果「拚」智商失敗，就很可能被滅掉。大約在三十五萬年前，歐洲生活著一群尼安德塔人[1]，他們也是智人中的一種。動畫電影《古魯家族》裡的人物原型就是尼安德塔人。他們的腦容量與我們的智人祖先不相上下，甚至身體還更為強壯。可是，尼安德塔人有腦子卻不會用，他們不善於思考，最後輸給了「狡猾」的晚期智人。

晚期智人能夠用大腦進行更為複雜的思考。依靠思考能力，智人可以製造更複雜、更先進的工具，能夠使用複雜語言傳達更準確的資訊，能組織更大規模的集體行動。這種用腦子思考帶來的巨大變化，是一場革命性的變化，以色列歷史學家尤瓦爾・哈拉瑞（Yuval Harari）稱之為「認知革命」。這種認知革命，正是包括尼安德塔人在內的其他原始人所沒有的。所以，晚期智人儘管在體力上不占優勢，如果僅憑單打獨鬥，他們早就被黑猩猩「手撕」，或者被劍齒虎吞食，甚至可能被尼安德塔人幹掉。但經過「認知革命」，晚期智人能夠組織出一百五十人左右的戰鬥團體，能夠制訂和執行更複雜的作戰計畫，能夠使用更先進的武器，能夠捕殺絕大多數兇猛動物。最終，晚期智人用腦子戰勝甚至滅絕了其他原始人類，其中就包括尼安德塔人。分子人類學顯示，非洲以外的現代人大約有百分之二的DNA片段與尼安德塔人有關。這說明晚期智人走出非洲後，與尼安德塔人相遇了，彼此「相愛相殺」了上萬年，甚至還存在交配活動。然而，由於用腦的巨大差距，尼安德塔人最後被晚期智人「團滅」，變成了僅留存在我們現代人基因中百分之二的那一部分。

1 尼安德塔人（*Homo neanderthalensis*），是生存於舊石器時代的史前人類，早期智人的一種，在約三十五萬年前演化出來。一八五六年，其遺跡首先在德國尼安德塔河谷附近的洞穴被發現。DNA測定表明，這是一批與現代人獨立演化的分支，約在三萬年前滅絕。

「腦子誰都有，看你用不用」，這句話用在人類演化的歷史中再合適不過。朋友們今後要記住：平時要多吃肉，要多用腦子勤思考。腦子一旦生鏽，我們人類就會被歷史「吃掉」。

03 舊石器時代

性格差異基因定 一切緣起舊石器

能夠製造和使用工具是人和動物的根本區別。然而，人類在不同發展階段所使用的工具，技術上存在著巨大差距。手裡握著的，從石塊到手機，發明使用的，從弓箭到火箭，技術的差距讓我們古今人類的生存狀態與社會面貌形成天壤之別。從巧人到現代人類，根據使用工具的不同，我們可將這二三百萬年的時間劃分成若干個發展階段。由低到高依次是：舊石器時代，新石器時代，青銅時代，鐵器時代，蒸汽時代，電氣時代和資訊時代。

在這六個發展階段裡，舊石器時代的時間最長，從二三百萬年前一直持續到約一萬年以前。如果將人類的歷史比作一天，那麼，除了這一天的最後五分鐘外，人類一直處於舊石器時代。在中國境內，除前面提到的元謀人、北京人、巫山人、藍田人外，中國還有北京的山頂洞人、廣西的柳江人、內蒙古的河套人、吉林的榆樹人等，都是舊石器時代人類的代表。大江南北、長城內外，遍布舊石器時代人類的足跡。那麼，他們的生活狀態是怎樣的呢？

最初，舊石器時代的人們沒有房屋，他們大多居住在山洞裡，也有的住在樹上搭建的巢居裡。後來，原始人學會用木材和獸皮搭建簡易的棚屋作為住所，比較簡陋。原始人往往是幾十個人生活在一起，以血緣為聯繫，過著群居生活。他們不是今天這樣的三口人家，而是一個大家族聚在一起生活。

太陽升起，原始人睡醒了。他們要整理自己的工具，準備出去覓食。人類最早的工具都是就地取材製成的。自然界常見的材料中，石頭最為堅硬。最初，原始人用石塊砸死動物後吃肉。後來，原始人把石塊打磨加工成石製工具。所謂「舊石器」，就是打製石器，比較粗糙。具體方法就是用石塊互相錘擊、砸碰，使石塊碎裂，然後拾取邊緣鋒利的碎塊當作工具。常見的舊石器有砍砸器、刮削器、尖狀器三大類。砍砸器主要用於砍砸獵物和樹木、砸堅果、挖野菜等工作，作用類似今天的斧頭和鏟子；刮削器主要用於給果實去皮，或者剝去所捕獲的動物的皮，以及分割食物，作用類似小刀；尖狀器主要用於挖掘和穿刺，作用類似錐子。舊石器時代也有木器和骨器，還有石器和木器結合的複合工具。比如將鋒利石塊綁在木棒上，用起來很省力。然而，木器和骨器並不耐用，時間長了還容易腐爛，不易被考古人員發現。所以，「石器時代」是最合理的稱呼。

準備好工具後，原始人就要出去覓食了，這是他們生活中最重要的事。舊石器時代原始人覓食的方式主要有兩種：一是採集，二是狩獵。一般來說，女人負責採集，採集果子；男人負責狩獵，獵殺動物。人類最早的職業就是這兩種——男人都是獵人，女人都是採摘工。這種分工持續了上百萬年，深刻地影響了男人和女人基因的遺傳，造就了今天男女之間迥異的性格。

比如男人偏沉默，女人則愛交流。這是因為在舊石器時代，男人們負責狩獵，需要精神專注——埋伏時不能有任何聲音，否則獵物便跑了。久而久之，專注和寡言成了男人的習慣。女人就不同了，採集工作可以邊採集邊聊天。「姊妹們快看，這兒有一片果子，一定很好吃！」「你看，我摘到了一個大的！」「你那個大但不一定好吃，一定要選紅色的，那才是熟透了的！」就這樣，女人在採集時形成了活潑、愛交流的性格。還有，女人一般比較挑剔，尤其是逛商場的時候，這可能也是舊石器時代採集工作造就的。現在的商場，實際上就是女人當年的採集場，當年採果子要精挑細選，現在買東西要貨比三家；男人就不然，看到喜歡的東西就會果斷出手。因為當年男人狩獵，只要看見獵物，就要果斷出擊，沒有太多選擇的餘地。再比如，男人狩獵需要使用工具，今天的男人也對工具和器械一類的東西有很大興趣。男人爆發力強，喜歡運動，這也跟當年的狩獵行為有關。諸如此類的男女差異，朋友們在生活中還能找到許多。這些都是舊石器時代的歲月烙印，給人類留下了深刻的遺傳記憶。

食物找好之後，原始人會將食物平均分配。原始人的胃口一定要好，有食物時要吃到撐，沒食物時要扛得住，挨餓是常態。原始人的身體狀況遠不如現代人，平均壽命只有十四五歲。舊石器時代的人們沒有過上定居生活，當在一個地方生活久了，這個地方的動植物資源會趨於枯竭。這時候，原始人群就會遷徙到新的地方生活。說走就走，漂泊不定，是原始人生活的常態。

閒暇時，原始人會在山洞的岩壁上進行繪畫創作，由此產生了最早的藝術。法國的蕭韋岩洞的壁畫，距今已有三萬多年，原始人用紅赭石和木炭等顏料創作。舊石器時代的生活雖然原始，卻也快活自在。就這樣，人類在歲月中慢慢演化著。不知不覺，時間流逝了兩三百萬年。

04 新石器時代

農業文明新石器　多元一體華夏生

歲月悠悠，演化不易。在二三百萬年前的舊石器時代裡，人類對自然的認知，會在一些偶然的意外收穫中獲得跨越式的發展。慢慢地，這些意外收穫將人類帶入了一個新的文明發展階段。

原始人狩獵時，偶爾會獵獲到一些活物。一次吃不完，就把剩下的活物圈養起來。忽然有一天，原始人驚喜地發現：獵物自己變多了！原來，動物也和人一樣，可以交配，可以生小動物。就這樣，原始人「解鎖」了一項新技能——飼養。又有的時候，原始人將採集回來的植物果實堆放在地上，果實種子偶然落在土裡；突然有一天，原始人又驚喜地發現：地上居然長了新的植物，而且結出的果實和原來堆放的果實一樣！就這樣，原始人又「解鎖」了一項新技能——種植。這些新技能的掌握，聽起來很偶然，背後卻凝結著原始人上萬年的實踐與思考。從狩獵到飼養，從採集到種植，這是人類劃時代的進步，被稱為「農業革命」，此後，人類文明進入了新石器時代。

新石器時代，人類有三大成就。除了農業革命外，一個是新石器工具，一個是陶器製作技術，這三大成就相輔相成。農業生產需要更先進的生產工具，所以有了新石器。收穫的糧食需要蒸煮後食用，所以又有了陶器。所謂新石器，是在打製石器的基礎上再加工，融入磨製或鑽孔技術，製造出的工具更加鋒利，功能也更多；常見的新石器有斧、鑿、刀、鐮、犁、矛等。至於陶器製作，可能也是原始人的意外收穫——原始人用火的時候，發現被火燒過的土地會變得異常堅硬。原始人受到了啟發，用泥土做成盆盆罐罐，然後再用火燒硬，這樣就發明了陶器製作技術。

農業革命使原始人的食物來源得到了保證，原始人不需要再為食物東奔西走，人口數量也變多了。農業生產還需要在固定區域進行，人類開始了定居生活。原始人走出洞穴，開始建造房屋，更多的親戚群居在一起，形成了類似小村子的聚落。陶器的出現，也證明定居生活出現了，因為易碎的陶器在遷徙的生活中實在「傷不起」。

大約一萬年前，中國大地也進入新石器時代。中國的新石器文化遺址遍布全國，有一萬多處。它們多分布在江河附近，因為那些地方靠近水源，更適合發展農業。這些遺址中，出土器物的特點比較相近的，會被考古學家劃歸為一個文化類型。代表性的有黃河中上游地區的仰韶文化、黃河下游地區的大汶口文化、長江中下游地區的良渚文化、遼河上游地區的紅山文化。大江南北，長城內外，皆有分布。

這些文化類型之間有著明顯的差異，特別是南北方的地域差異。比如建造房屋方面，仰韶文化的半坡遺址，房屋一半建在地下，一半建在地上，稱為「半地穴式房屋」。因為半坡遺址地處陝西西安，這裡冬季寒冷，半地穴式房屋可有效保暖。良渚文化的河姆渡遺址地處溫暖濕潤的浙江餘姚，儘管與半坡遺址為同一時期，但房屋類型大不相同。河姆渡人的房屋建在若干高出地面的木樁之上，稱為「干欄式房屋」。這種房屋可以有效防水防潮，夏天還便於通風。在農業種植方面，河姆渡人種植水稻，南方人吃米飯的七千年歷史由此開始。北方的半坡沒有那麼濕潤，人們種植較為耐旱的粟，即「穀子」，去掉殼就是小米。此後數千年，北方人一直以粟為主食。民以食為天，粟關係到國計民生，「江山社稷」中「稷」，便是指粟。

舊石器時代的人類壽命較短，大多只有十四五歲，活不過「國中」階段。到了新石器時代，人類平均壽命提高到了二十歲左右，能活到「大學」階段了。壽命的提高，生活的安定，使人們有了更多的閒暇時間去思考人生，去探尋生活中的美，藝術迅速發展起來。以陶器為例，早期陶器只具有使用功能，後來的陶器就很好看，且具有藝術價值。仰韶文化的彩陶，繪有人面魚紋，這是簡單質樸的美；龍山文化（源自大汶口文化）的黑陶，顏色深沉，寧靜致遠，讓人們感到心靈被震撼，這是深刻而高雅的美。

中國各地的新石器文化，雖有差異，卻也不是互不相關。在多元化的表像深處，各文化中還蘊含著共性的文明基因。比如祖先崇拜，在仰韶文化的龍崗寺遺址中，一百五十個祭祀坑分布在一百六十八座墓葬周圍，所有祖先都是被崇拜的對象。在紅山文化的牛河梁遺址中，地勢最高的地方是祭壇和神廟，周圍也埋葬著祖先。直到今天，祖先崇拜依舊寫在我們民族的文化基因裡。西方人遇到重大事情時，多向上帝禱告，而中國人則是上墳燒紙祭祀祖先，以求保佑。再比如玉器文化，中國的新石器文化遺址幾乎都出土了玉器，最著名的是紅山文化的「玉豬龍」。到了後期，這些玉器的形制還特別相似，比如各地的玉琮，好像都是從良渚文化的玉琮複製而來的。這種「玉器情結」，是人類其他早期文明沒有的。費孝通先生曾經說過，中國的玉器文化「是西方文化中未見而是中華文明所獨有的」。

中國各地的新石器文化呈現出多元一體的特點。這種「一體」並非巧合，而是源於彼此廣泛而深入的交流。交流中，它們共同編織出一張文化大網，覆蓋了從東北曠野到中原沃土，再到煙雨江南的廣袤中國大地。慢慢地，華夏文明在眾星捧月中冉冉升起。

05 氏族社會

兄妹結婚氏族制 私有財產成家庭

前面講過創世神話，它們屬於神話傳說的範疇，絕不可當作信史。然而，神話傳說中也有一些成分，折射出人類的早期記憶，可以幫助我們推測上古社會的真實狀況。比如，女媧和伏羲的傳說故事，就能體現出原始社會的婚姻狀態。婚姻狀態是社會發展形態的表現，關係到家庭和私有制的產生，體現了社會的發展和進步。本篇，我們來介紹人類早期婚姻制度的演進。

相傳，伏羲和女媧是一對兄妹。當時，人間爆發了大洪水，其他人都被淹死了。只有他們兄妹二人躲在了一個巨大的葫蘆裡，得以倖存。伏羲看到世間只剩下他和妹妹，擔心人類會因此滅絕，為了延續人類文明，他萌生了和妹妹繁育後代的想法。伏羲多少有些不好意思，就和妹妹商定：「我們聽從天意吧！我去東岸山，你去西岸山，各自點燃篝火，向天放煙。如果天意讓你我婚配，則煙合；若上天不許，則煙散。」妹妹表示同意。篝火點燃後，兩股煙霧徐徐升空，形似交尾蛇，合攏飛入雲霄。兄妹二人順從天意，遂以藍天作帳，以大地為床，結為夫妻，創造人類，延續文明。

伏羲和女媧的故事，從漢朝起就存在了。以今人的角度看，二人結為夫妻顯然違背倫理。然而，這種婚姻狀態在原始社會很常見。原始人以血緣為聯繫群居在一起，形成一個個氏族。氏族成員有共同的祖先，彼此都是親戚；氏族內部沒有婚姻，也沒有家庭。起初的時候，原始人沒有固定的夫妻和家庭。氏族內實行一種叫作「血族群婚制」的婚姻制度，即血緣氏族內部實行群體婚配。但有一個要求，必須是平輩之間，即兄弟姊妹之間進行婚配。伏羲和女媧的特殊關係，實際上就是血族群婚制度的反映。

氏族內進行婚配，有時候會出現「僧多粥少」的情況。兄弟之間爭奪姊妹，或者姊妹之間爭奪兄弟，可能會不和諧。為了有效補充「異性資源」，原始人偶爾會去別的氏族搶女人，這樣便產生了搶婚制度。搶婚多在黃昏時進行，因為天色昏暗有利於隱蔽。中國古代的婚禮多是在下午舉行，這便體現了原始社會搶婚制度的烙印。實際上，「婚」就是「昏」的通假字。古人迎親時，新娘要蒙上紅蓋頭，這也深受搶婚制度的影響：防止搶回來的女人記住回家的路，類似於綁匪給人質戴頭套。搶婚制度讓原始人有了意外收穫，搶回來的女人生下的孩子都很健康，而血族群婚生下的孩子常伴有腦殘或身殘。原始人明白了：血族群婚可能導致後代畸形。就這樣，人類婚姻制度演化到了第二個階段——族外群婚。兩個氏族商量好，彼此互派人員通婚，不必再搶。那派男人出去還是派女人出去呢？當然是派男人去，因為女人能生育，要留在氏族以添丁進口。

無論是血族群婚，還是族外群婚，一個女子都可以和多個男子婚配。生下來的孩子並不知道自己的父親是誰。這種只知其母、不知其父的血緣社會，叫作母系氏族社會。舊石器時代晚期，人類就進入了母系氏族社會，並形成一個個母系氏族公社。公社內，女性的地位高於男性，大家會有一個共同的「祖姥姥」作為首領。在仰韶文化的半坡遺址中，聚落中心最大的房子，就是「祖姥姥」的住所，也是召集氏族議事的地方。考古發現，母系氏族社會的墓葬大多是男女分開集體埋葬的，女性墓葬的規格更高一些，隨葬品也更多。這說明當時沒有家庭，也說明女性的地位高於男性。

人是有感情的動物，群婚的眾多丈夫之中，總有那麼一個心上人，會讓女子產生「一同看日出」的同居想法。慢慢地，人類婚姻進入了第三個階段——對偶婚。在對偶婚下，女子有一個相對固定的主夫。主夫可以在女子的氏族中生活，但死後仍要歸葬於原來的氏族。那時的男人，就像生育工具一樣，是母系氏族社會的配角。直到進入新石器時代後，農業產生，男人「逆襲」了。

農業生產需要體力，男人的優勢越來越明顯，社會地位也逐漸提高。到了新石器時代晚期，母系氏族社會讓位給父系氏族社會，對偶婚下的「從妻而居」變成「從夫而居」。隨著生產力的發展，剩餘產品越來越多。大家都想將剩餘產品占為己有，私有制隨之產生。為了保護私有財產，家庭也隨之產生。因為私有財產需要留給子孫後代繼承，這就要求必須有固定而清晰的夫妻關係，以便子女繼承家庭財產。就這樣，人類的婚姻制度進入了最後一個階段——一夫一妻制。考古發現顯示，新石器時代後期的墓葬，出現了大量的男女雙人合葬墓。不同墓中的隨葬品數量，也出現了明顯的分化。這說明私有制產生後，家庭出現了，且家庭間的貧富差距在不斷擴大。人類告別了「有飯一起吃」的公有制時代，慢慢進入貧富有別的階級社會。

新石器時代晚期，生產力水準提高，私有制產生，婚姻與家庭出現，人類的繁育速度加快。更多的氏族在中華大地出現，氏族之間的交流也愈加頻繁。幾個血緣相近的氏族走向了聯合，形成了部落。多個部落又聯合在一起，形成了規模更大的部落聯盟。在中華大地的諸多部落聯盟中，黃河流域的炎黃部落聯盟最後脫穎而出，開啟了中華文明的傳說時代。

06 炎黃的傳說

海納百川鑄中華 炎黃傳說龍圖騰

在文字出現以前，沒有「歷史」的記錄，歷史流傳多是靠口耳相傳。在口耳相傳的過程中，多會有誇大其詞、張冠李戴，甚至加油添醋的內容。所以，文字出現前的「歷史」並非完全可靠的信史，史學界稱其為「古史傳說」。中國的古史傳說時代，核心是三皇五帝。

三皇是哪三個人？有很多種說法。入圍的人物有：教人結網、馴服鳥獸的伏羲氏，教人播種五穀的神農氏，教人鑽木取火的燧人氏，教人在樹上建巢為居的有巢氏，等等。可以看出，這些人物都有超凡的能力，教會了人們很多生活的技能。實際上，這些技能都是原始人在長期生活中不斷積累和完善而來的，不可能是某個人的功勞。所以，三皇在真實歷史中可能並不存在，只是後人將集體智慧集中附會到一個英雄人物身上罷了。像這樣神化出來的英雄，能讓後人產生對祖先的崇拜之情，發揮凝聚人心的作用。

關於五帝的名稱，說法相對固定。根據《史記》的記載，有黃帝、顓頊、帝嚳、帝堯、帝舜五人。五帝中，黃帝的影響力最大。黃帝姓姬（一說姓公孫），號軒轅氏，他本是一個父系氏族部落的首領，這個部落的人都姓姬，因為他們生活在黃河中上游的姬水附近。離姬水不遠的地方，還有一條姜水。這裡生活著一個姜姓部落，首領是炎帝。可以看出，上古時期的姓，多以生活區域的江河來命名。同一個姓的人，生活在同一個部落，有著共同的祖先，所謂「姓者，統其祖考之所出」。實際上，姓就是一個氏族部落的族號。如果再仔細觀察，還能發現：姬和姜這兩個姓裡都有「女」字。這是因為人類最早的氏族都是母系氏族，女性地位高，所以姓中常常帶有「女」字。上古八大姓「姬、姜、姒、嬴、妘、嬀、姚、姞」，無一例外。後來，隨著生產力的發展，部落人口大量增加。慢慢地，一個部落住不了這麼多人了，有的家庭便會脫離，獨立門戶單過。他們獨立出去後，還會保留原來的姓，但為了加以區分，便會給自己再定一個「氏」。一般來說，能出去獨立、出去單過的家庭都是比較有實力的。所以，有氏的家庭，多是貴族。姓和氏，就是古代人的「基因身分證」，能看出自己的血統。當婚姻制度產生之後，姓氏還成了婚配的一項判斷依據。因為同姓的人是親族，所以不能通婚，因而自古便有「姓，所以別婚姻；氏，所以別貴賤」的說法。炎、黃是兩個異姓的鄰居部落，推測他們會彼此長期通婚。可是一山不容二虎，為了爭奪地區的領導權，兩個部落經常發生衝突。最終，兩大部落在阪泉打了一仗，黃帝勝利，炎帝歸順。兩個部落結成了新的部落聯盟，以「炎黃」為聯盟的名號。

炎黃部落聯盟逐漸發展壯大，在此基礎上形成了後來的華夏族。因此，炎、黃二帝被後世尊為華夏民族的人文始祖。為了神化黃帝，後人將許多偉大發明歸功於他，比如製作衣裳、製造舟車、制定曆法。他的妻子嫘祖發明了養蠶、繅絲。黃帝的手下倉頡發明了漢字，史稱「倉頡造字」。他的另一個手下伶倫制定了音律，發明了笛子；後世從事音樂、戲曲職業的人都被稱為「伶人」。

炎黃部落聯盟生活的黃河中游，這裡是中原的核心區域。離這裡不遠的黃河中下游及長江流域一帶，在當時屬於東夷地區，那裡還生活著一個由九黎族組成的部落聯盟，其首領叫蚩尤。相傳蚩尤有兄弟八十一人，個個能征善戰。據推測，這「八十一個兄弟」應該指的是其部落聯盟中八十一個氏族的酋長。蚩尤部落聯盟也謀求向中原地區發展，便與炎黃部落聯盟發生了激烈的衝突。經過反覆較量，蚩尤在涿鹿之野被炎黃部落擊敗，其部落也被炎黃部落吞併。融合了蚩尤部落之後，炎黃部落又向南發展，勢力到達江漢流域，即今天的湖北一帶。在這裡，炎黃又遇上了南方的苗蠻部落。所謂苗蠻，是對史前時代南方諸民族的泛稱。炎黃部落與苗蠻部落又發生了劇烈衝突，戰爭持續了好幾代人。最終，炎黃部落取得了勝利。炎黃傳說對應的考古學分期，應該是新石器時代。考古發現，中國新石器時代的文化類型是多點開花的，多地皆有分布。這也印證了「炎黃部落曾不斷融合與擴大」這一說法的合理性。

在邁入文明時代的歷史進程中，中華大地上的各部族長期交往，角逐，融合，最終彙聚出了海納百川的華夏民族。這種多元一體的文明特點，形象化地體現在華夏民族的龍圖騰上。龍在自然界並不存在，其形象特點是「九似」——駝頭、鹿角、蛇頸、魚鱗、鷹爪、魚尾等多種元素雜糅。這種複合型圖騰，在世界其他民族的圖騰中不曾見過。我們可以推測，華夏民族在融合過程中，每融合一個部落，就會吸收這個部落圖騰的局部元素，最終形成了混合型的龍圖騰。

中華文明多元一體，華夏民族海納百川，這種民族性格與基因正是華夏民族生生不息的根源。我們不僅是炎黃子孫，也是東夷兒女，還是苗蠻後代。讓我們向生活在這片土地上的每一個先民致敬，他們都是中國人的祖先，都應該得到我們的溫情與敬意。

07 氏族社會的結束

天下為公禪讓制 堯被幽囚舜野死

五帝中的最後兩位，是堯和舜。堯舜時期，原始社會走到了盡頭，國家即將產生。堯、舜的美德傳說被後世所津津樂道，其聖王形象深入人心，以至於「堯舜之君」成為後世對帝王的最高評價。

堯、舜和之後的禹，三人之間實行著一種叫「禪讓制」的權力傳承制度。五帝中的「帝」，和後來的皇帝有很大區別。皇帝擁有殺伐決斷的絕對權力，五帝並沒有。部落聯盟時代是「公天下」，天下是大家的。各部落的首領都能參與決策，帝只是相當於集體領導的「話事人」。所以，帝的權位也不能世襲給子孫，而要禪讓給聯盟中的賢能有德之人。這種傳賢不傳子的權力傳承方式，被稱作禪讓制。

相傳，舜在二十歲時便以孝順聞名鄉里，部落長老紛紛向堯舉薦舜。為了考察舜的德行，堯將自己的女兒娥皇和女英嫁給了舜，還賞賜了很多財物。舜的父親是惡棍，繼母是惡毒婦人，弟弟則是個小惡棍。舜得到了這麼多財物，讓他們很眼饞。他們想害死舜，將財物占為己有，便開始結夥作案。一天，父親要舜去修糧倉的房頂，舜爬上房頂後，父親和弟弟立即撤走梯子，然後放火燒糧倉。情急之下，舜用斗笠當作翅膀，像鳥一樣安穩地落在地面，倖免於難。沒過多久，父親又要舜去挖井，舜下到井底後，弟弟就瘋狂往井裡填土，想把舜活埋。舜早知道那爺倆沒安好心，提前在井底挖了一條地道，順著地道逃生了。父親和弟弟以為舜死了，就來到舜的房間瓜分戰利品。弟弟要兩位嫂子和琴，牛羊和倉房則歸父親和繼母。弟弟坐在舜的房間，彈著舜的琴，欣賞著兩位嫂子，春風得意。就在這時，舜從門外進來，弟弟魂都嚇沒了。反應過來後，弟弟假模假樣地說：「哥哥，我正彈著琴想念你呢！」事後，舜依舊像以前一樣孝順父母、善待弟弟。得知這些情況後，堯確信自己沒有看錯人，就把帝位禪讓給了舜。

舜到了晚年，也將帝位禪讓給了治水有功的禹。禹的父親叫鯀，是夏后氏部落的首領，也是舜的手下。當時，黃河流域經常洪水氾濫，堯命鯀去治水。鯀用建造河堤的方法來堵洪水，堵了九年也沒有成功，更糟糕的是，洪水越堵越多，水患更加嚴重了。舜因此處死了鯀，並讓鯀的兒子禹繼續治水。禹總結了父親的經驗教訓，改堵為疏，採用清理河道、開挖水渠的方法，經過十三年的努力，洪水終於被成功治理，舜將帝位禪讓給了禹。

堯、舜的禪讓之事被司馬遷寫進了《史記》，後世廣為傳頌。然而，他們的故事還有另一個截然不同的版本。西晉時期，盜墓賊挖出了一部成書於戰國時期的官修史書，叫作《竹書紀年》。根據它的記載，堯晚年本想將帝位傳給自己的兒子丹朱，但部落聯盟的其他領導人希望輪流坐莊，反對世襲。隨後，舜發動了政變把堯給囚禁了，還流放了丹朱，自己奪權上位。同樣，舜晚年也沒有得到善終。舜之所以將鯀處死，是因為夏后氏的勢力太過強大，威脅了自己的地位，治水失敗只是一個藉口。禹繼承了夏后氏部落首領之位後，繼續治水。禹和舜有殺父之仇，禹在治水過程中不斷培植自己的勢力。治水成功後，禹發動政變，將舜流放到南方的蒼梧之野，成功奪權上臺。唐朝詩人李白感嘆堯舜禹之事，說「堯幽囚，舜野死」。

一個故事，兩個版本。一個高風亮節，一個鉤心鬥角。哪個版本更可信呢？筆者認為，政變奪權的版本可能更接近真實的歷史。首先，《竹書紀年》比《史記》成書年代更早，距離堯舜禹時代更近，距離當時的歷史越近的史書越可信。其次，堯舜禹時代正處於父系氏族社會末期，私有制已經盛行，對於權力，人們自然也會產生私有觀念，所以奪權更符合當時的歷史發展階段特徵。另外，後世的歷史已無數次證明：在帝位面前，父子兄弟之間尚且是你死我活的鬥爭，怎麼可能主動讓與外姓之人呢？所謂的禪讓制，是赤裸裸的權力爭奪，沒有半點高風亮節。至於「天下為公」的傳說，很可能是後世編造出來的正能量故事，以此來樹立明君聖主的良好形象，掩蓋權力爭奪的自私與殘酷。

禪讓制的傳說還有續集。禹到了晚年，又將天下共主之位禪讓給協助他治水的排益（亦作伯翳）；但是，排益不如禹的兒子啟賢能，大家都不聽排益的號令，排益倒是有自知之明，最後主動讓位給啟。聽起來又是這麼和諧且充滿正能量。然而，史書《戰國策》又有讓人震驚的相悖記載：禹明面上維護禪讓制，背後卻扶植兒子，讓啟掌握軍政實權。啟憑藉掌權多年培養的政治勢力，從排益手中奪權上位。[1]《竹書紀年》的記載更為殘酷：「益干啟位，啟殺之！」啟不光奪了權，還殺死了排益。

無論是哪個版本的故事，結果都一樣，禹的兒子接了班。輪流坐莊變成了一姓世襲，「公天下」變成了「家天下」。就這樣，以氏族為社會組織形式的原始社會結束，王朝國家誕生了。禹來自夏后氏，歷史上也稱他為「夏禹」。這個「夏」字，也成了中國歷史上第一個王朝的國號——夏朝建立了！

---

1 禹授益，而以啟為吏，及老，而以啟為不足任天下，傳之益也。啟與支黨攻益，而奪之天下，是禹名傳天下於益，其實令啟自取之。（《戰國策．燕策一》）

本篇講述夏、商、周三朝的歷史，時間跨越了一千八百多年。這一時期在秦朝建立以前，所以又叫先秦時期。

大約在西元前二〇七〇年，禹建立了中國歷史上第一個王朝——夏，它也是中國歷史上第一個國家。根據後世文獻記載和現代考古發現，夏朝開創了王位世襲制，建立了國家機器，開啟了世襲制的封建王朝。但由於至今還未發現夏朝的文字，所以夏朝的文明史地位尚存爭議。

夏朝最後被商部落的首領湯所滅，商湯滅夏，實現了中國歷史上第一次改朝換代。商朝建立後，創造了以甲骨文和青銅器為代表的早期文明。商朝存在了五百多年，最後被新興的周部落所滅，後者建立了周朝。

周朝的歷史分為前後兩段，前段為西周，後段為東周。西周初期，周王室建立了分封制、宗法制、禮樂制、井田制四大制度，保障了國家的穩定與發展。西周末年，都城鎬京被犬戎族攻破，西周滅亡；周平王遷都洛邑，東周隨之開始。東周又分為春秋和戰國兩個時期。春秋時期，天子權威衰落，諸侯群雄爭霸，先後出現了以齊桓公為代表的春秋五霸。到了東周，一百多個諸侯國僅剩十餘個。戰國七雄互相攻伐，統一成為大勢所趨。

戰國時期，鐵製農具和牛耕技術得到推廣，這使得生產力空前發展，進而加速了社會變革，各國開始變法運動。劇變中的社會，思想學術領域也空前活躍，出現了「百家爭鳴」的局面。

先秦時期是中華文明初出繈褓的幼年階段，不僅奠定了文明的基礎，也為後世的發展確定了基調。

夏商周篇

08 夏朝的建立

治水國家建夏朝　傳說遺址二里頭

禹傳啟，「家天下」，夏朝由此誕生。夏不僅是中國歷史上第一個王朝，也是第一個國家。夏朝能夠建立，同大禹治水是密不可分的。可以說，夏朝就是在治水過程中孕育的。西方學者卡爾・魏特夫（Karl Wittfogel），將在這種模式下產生的國家稱為「治水國家」。

治水是一個規模巨大的系統性工程，需要各地區、各部落之間通力協作，否則很難成功。鯀採用築堤的方式治水，哪裡有水堵哪裡。那時還沒有國家，各部落都各自為政，他們只要築堤堵住本部落的洪水即可。至於洪水是否會被堵到其他部落，那就不用管了。可以想像，在這種治水模式下，部落間只會以鄰為壑，治水失敗也是必然。鯀被處死後，禹繼續治水。禹放棄了父親堵水的思路，改為疏通河道，讓洪水東歸大海。這種治水方法同樣需要沿河的各部落通力協作，這就需要一位權威的領導者來統籌安排。顯然，禹扮演了這個權威領導者的角色。

大禹治水之前，各地是以血緣為聯繫而劃分的部落區域。禹必須打破這種血緣藩籬，按照地理情形重新劃分地方政區。於是「禹畫九州」，把天下劃分成了九個行政區。每個州，禹都派駐官員去統籌治水行動，從而加強了中央對地方的管理。就這樣，以血緣為聯繫存在了上萬年的部落區域，變成了服從中央命令的地方行政區域，國家疆域和行政區的概念由此產生，「九州」也由此成為中國的代名詞之一。為了加強國家管理，禹還建立官僚體系，並制定法律。當然，還要建立一支軍隊，一是對內鎮壓不服從者，二是對外維護國家疆域的安全。這支軍隊，後來還參加了對南方苗蠻部落的戰爭，鞏固了華夏在天下的統治地位。

血緣藩籬的打破、行政區域的劃分、中央權威的確立，官僚體系的完善、司法體系和軍隊的出現，這些國家產生的必要條件，都是禹在治水過程中實現的。因此，夏朝是典型的治水國家。大約在西元前二〇七〇年，禹完成了這些工作，隨之建立了中國最早的王朝——夏朝。

二十世紀七〇年代，在河南登封發現了王城崗遺址中的一處城址，它的地理位置與文獻中記載的夏朝都城——陽城非常吻合。夏朝在河南建立，這很符合中華文明多元一體的特點。中國境內的諸多新石器文化中，地處東北地區的紅山文化發展程度可能更高，但它太偏僻了，多元文化歸為一體，「一體」必須在「多元」的中心。河南位於當時的「天下之中」，是各種新石器文化交流碰撞的中心。正如歷史學家Ｌ·Ｓ·斯塔夫里阿諾斯（Leften Stavros Stavrianos）在《全球通史》一書中強調的那樣，文明是在交流與碰撞中產生的。人類最早的文明，在歐、亞、非三大洲文化交流碰撞的中心產生，也就是中東的兩河文明。夏朝誕生在中原的核心區域，也是歷史的必然。然而，關於夏朝的文明史，現在學界還存在著諸多質疑。

在古代，國人並不懷疑夏朝的存在。尤其是儒家，言必稱「三代」（夏商周）。到了近代，國門被打開，包括歷史學、考古學在內的西方近代科學傳入中國，經過科學洗禮的中國人，開始質疑上古史的真實性，包括夏朝的歷史。還因此形成了一個史學派別——疑古派[1]，其領軍人物是歷史學家顧頡剛。在疑古派看來，上古歷史乃是「層累地造成」的，也就是後人一點一點堆積出來的。時代越往後，流傳的上古史內容就越豐富。在西周時，人們心中最古老的帝王是禹；到了春秋時期，又出現了比禹更早的堯、舜；到了漢朝，甚至出現了盤古開天闢地的傳說。按歷史發展規律來說，應該是距離歷史事件時間越近的朝代，史料越豐富。而上古史恰恰相反，越是時間久遠，反而「戲」越多，這顯然不合常理。疑古派因此認為，中國很多上古史的傳說內容，可能是後世之人「腦補」出來的，屬於強行加戲。所以，對於古史傳說的歷史，我們不能盲目相信，而要以科學的眼光看待。

如果想用科學的態度證明一個古文明的真實性，必須要有兩個證據。一個是文獻記載，另一個是相應的考古發現，這就是近代學者王國維所說的「二重證據法」。這就像審案子，不僅要有口供，還要有物證，否則就不能定案。夏朝的相關記載，只見於夏朝滅亡很久之後的史書。如《史記》在記載夏朝時，夏朝實際已經消亡兩千年了，曾經的司馬遷看夏朝，就像我們今天看司馬遷那樣久遠。後世對夏朝的文獻記載，多是靠古史傳說。而在中國已知最早的文字——甲骨文的記錄中，尚未發現有對夏朝的記載，甚至連「夏」字都沒有。考古發掘方面，在二十世紀五〇年代，河南發現了二里頭遺址，學者們認為它很可能就是夏朝遺址。但迄今為止的歷史教科書，依舊嚴謹地稱其可能是「夏文化」，並未稱其為「夏文明」。這是因為「文明」的標準線比「文化」要高許多，至少要具備文字、城市、金屬器三大要素。在二里頭遺址中，至今尚未發現文字。

也許在不久的將來，我們會發現更多夏朝文明史的實證。也許，這個歷史重任就會落在讀這部書的讀者身上。讓我們共同期待！

---

1 疑古派也稱「古史辨派」，五四運動後形成的歷史學派，以胡適、顧頡剛、錢玄同等人為代表。他們質疑東周以前的歷史，強調「寧可疑古而失之，不可信古而失之」。

09 商湯滅夏

天子無道也失業　改朝換代湯滅夏

夏啟坐穩江山後，開始了帝王的享樂生活。他很喜歡在野外宴飲，是個「野外派對」愛好者。啟死後，他的兒子太康繼位。不久，太康便和五個兄弟發生了內訌。內亂平息後，太康也和父親一樣，沉迷於聲色犬馬，夏朝的國勢走向衰敗。此時，中原東部的東夷人蠢蠢欲動，想脫離夏朝的統治。

東夷有個部落叫有窮氏，首領叫后羿。這個「后羿」，與神話傳說中射太陽的那個后羿不是同一個人。這個后羿是歷史上真實存在的人物。早期的人類社會為母系氏族社會，首領是女性，所以后羿中的「后」字，是「君主」的意思。有一次，太康去洛水北岸打獵，后羿趁機發起偷襲，奪取了夏朝政權。歷史上稱這件事為「太康失國」。后羿奪權後，先後把太康之弟仲康和仲康之子相推上王位，作為自己的傀儡。後來，后羿乾脆廢黜了相，自立為王。后羿也並非聖明君主，坐上天子寶座後，他也開始享樂。《左傳》說后羿：

恃其射也，不修民事，而淫於原獸。

也就是沉迷於打獵，不理朝政。玩「嗨」時，他就將朝政交給一個親信處理，這個親信叫作寒浞。

寒浞也是個很有野心的人。過了一段時間，寒浞發動政變，殺死了后羿，自己當上了王。為了徹底剷除夏朝勢力，寒浞還殺死了流亡在外的相。可是說來也巧，相死的時候，他的妻子剛剛懷孕。後來，相的遺腹子出生，名字叫作少康。少康長大後，聯合忠於夏朝的勢力，擊敗了寒浞和有窮氏部落，成功復辟了夏朝政權，史稱「少康復國」。

少康從小流亡，苦難的生活不僅磨煉了他的意志，還讓他見識了民間疾苦。復國之後，少康勤於政事，大力發展農田水利事業，夏朝迎來了復興，史稱「少康中興」。在古代，王朝經歷了一段動亂或衰敗後又重新復興，這種局面被稱為「中興」。類似的說法還有「……之治」和「……盛世」，前者形容王朝初期穩定發展的局面，比如漢朝的「文景之治」；後者則形容王朝發展到了巔峰狀態，如唐朝的「開元盛世」。少康早年流亡杜地，所以又名「杜康」。這個名字更為後世所熟知，因為相傳他發明了釀酒，被後世尊稱為「酒神杜康」。少康不僅有雄才大略，還教子有方。他的兒子季杼很有武略，征服了不安分的東夷諸部，一直打到東海之濱，大大鞏固了夏朝的疆域。季杼之後的五六位君主，也都表現尚可，夏朝處於歲月靜好之中。可是，到了第十四代君主孔甲的時候，夏朝開始走下坡路了。當傳到第十七位君主桀的時候，夏朝四百餘年的國運走到了盡頭。

桀的本名是履癸，「桀」是他的諡號[1]。桀在後世風評極差，一說到桀，後人就會想到「暴君」二字。然而人性是複雜的，不存在絕對的好與絕對的壞。對於歷史人物，我們要避免「兩極化思維」，應該全面、客觀、理性地分析評價。真實歷史中的桀，是個優缺點都很鮮明的君主。他智勇兼備、能征善戰，征討了很多反叛部落；可是他又貪酒好色，沉迷享樂。他的寵妃妹喜有個怪癖，就愛聽絲帛撕裂的聲音。為了滿足妹喜的怪癖，桀就搜刮民財，做著暴殄天物的事情。忠臣關龍逢勸諫，夏桀不聽，還將其殺害。更可怕的是，桀對自己的暴虐沒有絲毫自知之明，甚至自我感覺十分良好。他自比為太陽，吹噓道自己與日同輝，不會滅亡。[2]老百姓憎惡桀，就指桑罵槐地咒罵太陽，甚至寧可與太陽同歸於盡。[3]

就在夏桀「花樣作死」的時候，東夷的商部落開始搞事情了。商部落的始祖叫作契，相傳，他的媽媽在野外沐浴時吃了一枚玄鳥（燕子）蛋，有感而孕生下了契。這種非性交方式懷孕的傳說，叫作感生神話。古代有很多感生神話，比如，伏羲的母親踩了雷神的腳印有感而孕；禹的母親，吃了一顆撿來的薏苡有感而孕；炎、黃二帝，也都是感生而降世。感生神話的出現，一是後人想神化祖先，二是因為在母系氏族社會，孩子只知其母不知其父，只能用感生的方式來解釋懷孕。契後來協助大禹治水，被封賞在商地（在今河南商丘附近），在此形成商部落。商部落的第十四代首領叫湯，在他的領導下，商部落發展成夏朝最強大的方國[4]。「方國」是一種部落式的國家，臣服於夏朝，相當於夏朝的小弟。

方國與夏朝的關係很微妙，夏朝強大時，方國很乖巧；當夏朝衰敗時，方國就會蠢蠢欲動。桀的統治導致民怨沸騰、眾叛親離，商湯知道機會來了。他一面招兵買馬，積蓄糧草；一面又選賢用能，招攬人才，這其中就有名臣伊尹。商湯還積極展開外交攻勢，拉攏了一批不滿夏朝的方國和部落。終於，在約西元前一千六百年的鳴條之戰中，商湯率軍擊敗了夏軍主力，占領夏地。以此為標誌，夏朝滅亡，商朝建立。商湯滅夏，是中國歷史上第一次改朝換代，是一次革命性的社會巨變，後世將其與後世的武王伐紂並稱為「湯武革命」。

1 君主時代帝王、貴族、大臣等死後，依照其生前事蹟所給予的稱號。

2 天之有日，猶吾之有民。日有亡哉！日亡，吾亦亡矣。（《尚書．大傳》）

3 時日曷喪，予及汝皆亡。（《尚書．湯誓》）

4 夏朝對周邊地區的統治方式是依靠當地部落首領實行間接統治，這些部落有的發展成了小型國家，稱為「方國」。

亡國後的桀被商湯流放，數年後客死他鄉。後世的梟雄們，不斷抄襲著商湯的作業，一次次地重演著改朝換代的歷史大戲。在中國，天子從來就不是鐵飯碗，如果幹不好，就會失業，甚至全家都會被「團滅」。相比之下，夏桀失業後還能善終，這已經算是「燒高香」的結局了。

10 盤庚遷殷

放太甲伊尹主政　九世亂盤庚遷殷

在商湯滅夏奪取天下的過程中，賢臣伊尹立下了輔佐之功。伊尹是一個傳奇人物，他本是奴隸廚子出身，一步步爬到了「開國宰相」的地位。更有傳奇色彩的是，伊尹掌權期間，他還流放了天子。

伊尹是個棄嬰，被有莘國的一個奴隸廚師收養，因此擅長烹飪。相比烹飪，伊尹在政治方面更有天賦。他喜歡研究堯、舜、禹等聖王的治國之道，並因此遠近聞名。後來，伊尹作為陪嫁奴隸來到了商部落，商湯發現了伊尹的政治才能，提拔他為輔政重臣。伊尹的「尹」，就是他的官職名。在商朝的官制中，尹的權力很大，相當於後世的宰相。尹之下，是「多尹」之職，相當於副宰相（一說「多尹」為商朝朝廷官員的總稱）。再往下，是各種負責具體事務的官員，稱為「多宰」或「小臣」。

商朝建立後，伊尹又為商湯構建了一套嶄新的國家制度。相比夏朝，商朝的疆域擴展了許多。大體上，北抵燕山，即今內蒙古一帶；西至隴山，即今甘肅地區；南達江漢，即今湖南、湖北一帶；東邊則一直到大海。這麼大的地盤，若想每個地方都由中央直接管理，商朝還真心做不到。一是那時的交通條件太落後，要把中央政令傳達到地方很費勁；二是周邊地區都是部落區域，它們的發展程度與商朝有較大差異，更適合讓部落自行治理。為此，商朝建立了一套內外服制度來管理國家。

所謂內服，是指都城附近的王畿地區，由商王直接統治。前面說到的「尹」、「多尹」、「小臣」等官職，就是內服的官員。內服地區主要居住著商部落的本族人，政治上最為可靠。內服之外的廣大周邊地區就是外服，這裡居住著商族以外的部落，由部落首領自行管理。但是他們必須要臣服於商朝，要定期納貢，還要奉命為商朝征戰。外服部落的首領可接受商王的封號，這相當於得到商朝的承認。內服可以理解為是「古國」，相當於商朝的「直營店」；外服可以理解為是「方國」，相當於商朝的「加盟店」。在內外服制度下，商朝形成了一個古國與方國的聯合體，類似一個鬆散的聯邦制國家，學者稱其為「方國聯盟」。

商湯滅夏後，在位十三年便去世了。繼任的兩位王比較短命（長子太丁尚未成王便已去世，繼任的兩位王分別是次子外丙、三子仲壬），其間都是由伊尹輔政。商朝的第四位王叫太甲，是商湯的孫子。商王的名字裡多帶有「甲、乙、丙、丁」等天干，這可能代表了他們的出生日期。根據傳統史書記載，太甲暴虐無道、肆意妄為，不遵守商湯留下來的制度。此時的伊尹，已是四朝老臣，他多次規勸太甲無效，無奈之下，就將太甲流放到商湯陵墓附近的桐宮，讓他守陵思過，史稱「伊尹放太甲」。太甲流放期間，伊尹親自攝政，是商朝的實際統治者。三年後，太甲悔過從善，伊尹又迎回了太甲，並將政權歸還。故事聽起來很美好，然而史書《竹書紀年》卻記載了故事的另一個版本：權臣伊尹篡位，自立為王，流放了太甲。七年後，太甲潛回都城，殺死伊尹，奪回了王位。[1]漢朝時，權臣霍光也廢立過皇帝。因此，後世將權臣當政隱喻為「伊霍之事」。

關於伊尹放太甲的歷史真相，可能將永遠是個謎。但這件事體現了一個不爭的事實，那就是商朝時，相權十分強大。君權與相權的衝突是中國古代政治的兩對基本衝突之一（另一對基本衝突是中央與地方的衝突），中國古代政治制度在發展和變遷的過程中，始終在解決這兩對衝突。後世君權與相權的總體變化趨勢是：君權不斷加強，相權不斷被削弱。直到明朝時，朱元璋徹底廢除了丞相制度。

商朝從第十位王仲丁開始，政局陷入了大混亂。這一亂，持續了九代商王，史稱「九世之亂」。每當亂到一定程度，商王就會選擇遷都。商朝建立之初，首都定在亳（在今河南商丘）。從仲丁開始，商朝先後六次遷都，直到盤庚遷都至殷（在今河南安陽），首都才穩定下來，九世之亂也由此結束。一言不合就遷都，成為商朝前期政治的一大特色。

1 伊尹放太甲於桐，乃自立。七年，王潛出，自桐殺伊尹。

那麼，商朝為什麼要頻繁遷都呢？

有學者分析，這可能是商人「換土易居」的舊俗，商朝建立前就遷都過八次，因此形成了習慣。另外，商朝頻繁遷都還有兩點現實原因：一是受黃河水患侵擾，都城經常被淹沒；二是王位繼承的糾紛。商朝的王位世襲制，存在著兩種不同的世襲辦法——一種是傳位給兒子，即父死子繼；另一種是傳位給弟弟，即兄終弟及。兩種傳位辦法並存，傳位順序並不唯一，這就很容易亂套。比如，老國王死了，弟弟繼位，兒子長大了不甘心，就會想方設法幹掉叔叔奪位；或者是老國王死了，兒子繼位，老國王的弟弟看侄子年齡小好欺負，就會琢磨著發動政變奪權。九世之亂，很可能就是叔侄間爭奪王位所致。也正是在此期間，商朝頻繁遷都。遷都後，新國王可以遠離敵對勢力，在政治上另立門戶。盤庚遷殷後，政局逐漸穩定下來。此後近三百年間，商朝未再遷都，殷成了商朝的代名詞，商朝又被稱為「殷朝」或「殷商」。一九二八年，殷的遺址在河南安陽被發現，即著名的殷墟。

在「家天下」時代，最高權力的繼承順序必須是明確且唯一的，任何不明確的繼承方式都會導致嚴重的政治衝突，繼而導致國家混亂。商朝後期，王位繼承制度逐漸向嫡長子繼承制傾斜。到了周朝，在嫡長子繼承制的基礎上發展出了完備的宗法制，後者成為中國繼承制度所遵循的基本原則。

11 甲骨文

信鬼神烏龜算卦　刻甲骨文字初現

在歷史語言中，對古文明的認定標準很高。這裡的「文明」，是指人類社會發展到了一個較高級的狀態，與蒙昧和野蠻相對立。文明本是一個西方概念，源於拉丁文「Civis」一詞，原意指市民、公民。可以看出，城市的出現是判斷文明產生的重要標準。除此之外，文明還需要滿足兩個條件——文字和金屬器。中國最早的文字是商朝的甲骨文，它的產生，緣於商朝人愛用烏龜殼算卦。

早期人類對很多自然和社會現象無法理性認識，多將其歸結為鬼神的作用。商朝人尤其迷信鬼神，就像身處於一個政教合一的國家。《禮記》記載：

> 殷人尊神，率民以事神，先鬼而後禮。

這種「重鬼神」的觀念，實際上是一種原始的宗教信仰。在這種觀念的影響下，商朝盛行人祭和占卜。

所謂人祭，就是把人當牲口一樣殺掉，祭祀給鬼神。人祭在商朝隨處可見，比如蓋一座宗教建築，打地基時要在四個牆角各殺一個小孩來祭祀，安裝大門時要在門口殺人祭祀，上房梁時還要再殺人祭祀。蓋一個建築群，前後要殺掉六百多人。在商王陵墓裡，經常發掘出人祭的遺骸，最多的有上千具；挖掘出的青銅甗（類似蒸鍋的炊具）裡，還盛有人的頭骨，裡面的頭骨還被蒸煮過，據推測，這也是一種祭祀行為。商朝祭祀鬼神的規模之大、頻率之高，是後世絕無僅有的。

商朝人不僅會祭祀鬼神，遇事還喜歡求問鬼神，這就是占卜。商王幾乎遇事就問鬼神，大到祭祀日期、戰爭勝負、農業收成等國家事務，小到打獵、疾病、生育等日常生活瑣事，甚至對「天氣預報」這類問題都要進行占卜。商朝人占卜的方法很有趣，占卜用具多為烏龜殼或牛的肩胛骨，統稱為「甲骨」。占卜前，巫師要先將甲骨清理乾淨並加以刮削處理，然後在上面鑽刻出若干「鑽」和「鑿」。「鑽」是圓形凹槽，「鑿」是棗核形的凹槽。一「鑽」挨著一「鑿」，合為一組，若干組左右對稱分布。占卜時，巫師會用火灼燒甲骨，直到甲骨出現裂紋。然後，巫師根據裂紋的密度和走向來分辨神的旨意，判斷所占卜之事是吉是凶。占卜時，巫師還要將占卜內容概括成卜辭並刻在甲骨上，以備之後核查。卜辭包括占卜日期、占卜人名字、占卜之事、占卜結果，相當詳細。商朝人的這種占卜方法，不僅費事，也很費龜。但它對中華文明做了一個極大的貢獻，就是從中產生了中國目前可識的最早的文字——甲骨文。

中國人使用了數千年的漢字，其源頭正是甲骨文，可是古人並不知道。因為商朝滅亡後，大量甲骨被埋沒在殷墟的地下，甲骨文逐漸被歷史遺忘。到了近代，河南安陽的農民經常在種地時偶然挖出甲骨。中醫藥裡有一味叫「龍骨」的中藥，據說可治療神志異常、咳嗽氣喘、瀉痢等多種疾病。其實甲骨的主要成分是鈣，除了對治療胃酸有一定功效外，並無其他藥用價值。安陽挖出的甲骨，被中藥販子當作龍骨收購，最後被入藥吃掉。幸好有一位叫王懿榮的人，發現了甲骨上的祕密。

王懿榮是進士出身，在光緒年間任國子監祭酒，這個職務類似今天的北京大學校長兼教育部副部長。王懿榮喜歡研究青銅器和石刻上的古文字，這門學問被稱為「金石之學」。一八九九年夏天，王懿榮拉肚子了，太醫給他看病，開的藥方中就有龍骨這味中藥。家人把中藥買回來後，略懂中醫的王懿榮親自查看藥材。他驚奇地發現，這「龍骨」上有很多人工刻畫出來的符號。金石學的功底讓他斷定，這些符號並不簡單，應該是一種古老的文字。隨後，王懿榮收購大量甲骨來研究，甲骨文得以重見天日。

迄今為止，已發現商代有字甲骨十餘萬片，甲骨文單字約四千五百個，其中解讀出來的不到一半。甲骨文使用了漢字中的「六書」造字法，即象形、指事、會意、形聲、轉注、假借這六種造字方法。其中最多的是象形字，約占百分之四十。比如「日」字，甲骨文為，形象為太陽；比如「月」字，甲骨文為，形象為月亮。指事造字法，是用指示性符號表示某一事物或概念。比如甲骨文中的字，上面是太陽，下面是地面，這是指初升的太陽，對應現在的「旦」字；類似的還有「上」字為，「下」字為，都是用指事法造出來的字。將兩個或多個獨體字組合在一起，還可以產生一個新的字，這叫會意造字法。比如甲骨文中的，日、月放在一起，一定很明亮，這就是「明」字；再比如甲骨文中的，右邊是一個人拿著木棍，左下角是個小孩，左上角可能是結繩記事的草繩，合起來就像一個老師在教小孩知識，這就是現在的「教」字。形聲是甲骨文中最高級的造字法，用表音的音旁和表意的形旁組成新的字。比如甲骨文中的，左邊是表示水的形旁，右邊是音旁，表示發音，組成了「河」字。甲骨文不僅有重大的文字學和語言學意義，還有著不可估量的史學價值。它全面記錄了商朝社會的各項活動，內容包羅萬象，是研究商朝歷史最全面、最可信的資料。

文字的出現是文明產生的一大判定標準，所以，甲骨文的發現證實了商朝的文明史地位。

12 武王伐紂

耕西北周人崛起　入中原武王伐紂

商朝立國五百餘年，一共傳了十七代，三十一位王。王的數量遠多於代數，這是因為商朝前期傳位存在大量「兄終弟及」的情況，兄弟之間傳位是不累計代數的。商朝最後一個王是紂王，但他的本名叫受，帝王廟號為帝辛。在國人的傳統印象中，紂和桀一樣，都屬於「渣王」的代表。二人的名字還共同組成了詞語「桀紂」，成為對帝王最高級別的負評。

這兩位亡國之君的所作所為非常相似。二人都沉迷於女色，夏桀有寵妃妹喜，紂王則有妲己。為了女人和享樂，二人都窮奢極欲，花樣作死。夏桀每日醉生夢死，在酒池上划船。紂王則營建離宮朝歌，以酒為池，縣肉為林，讓男女「裸相逐其間」，並終日與妲己尋歡作樂。二人還都殘忍無道，不聽勸諫。夏桀殺害了忠臣關龍逢，紂王則殺害了勸諫的忠臣比干，據說比干還是被剖心而死的。二人的惡劣品行，聽起來過於雷同，難道這真的只是歷史的巧合嗎？

歷史學家顧頡剛曾經對有關紂王的惡行的記載做過統計：最早的《尚書》只記載了

六項，戰國時期增加了二十多項，西漢時也增加了二十多項，東晉時又增加了十三項。實際上，對紂王這些惡行的記載多是後世層層增添而來的。時代愈往後，記載的罪行就愈多。這些記載的來源，要麼是道聽塗說，要麼是「腦補」、編造。包括《史記》在內的相關記載，都是商朝滅亡了千百年後才出現的，並沒有商朝時的文獻作為史料支撐，並非信史。至於夏桀的惡行則更不可信，因為至今還未發現夏朝文字。歷史學的核心是史料學，選擇史料的基本原則是要採用原始史料，即當時的或接近當時的史料。有關紂王的原始史料是商朝的甲骨文記載，最多加上西周初期的青銅器銘文記載。在甲骨文記載中，紂王亡國並非因為殘暴，而是因為對外戰爭的失敗。甲骨文史料中多次提及紂王曾「征夷方」，也就是攻打外服方國，這極大地消耗了國力。關鍵是他還沒打贏，這更使商朝陷入了嚴重的統治危機。此時，西北地方一個叫周的方國趁機反叛。

周人生活在西北地方，他們的始祖叫作棄。相傳，棄的母親姜嫄因為踩了巨人的腳印有感而孕。棄出生後，被姜嫄先後遺棄了三次。遺棄在道路上，牛馬都避而不踩；遺棄到樹林中，砍柴的樵夫又將他撿了回來；遺棄到冰面上，飛鳥都用羽毛為他保暖。根據學者分析，這個傳說很符合古人對新生嬰兒進行淘汰選優的習俗。在貧乏的年代，只有經過了磨難和考驗的嬰兒，才有資格被撫養長大。命硬的棄經過了考驗，得以長大成人。棄從小就喜歡耕種，長大後被堯任命為農師，掌管農業。棄後來建立了自己的部落。

當這個部落繁衍到第十二代時，一個叫古公亶父的首領，帶領族人遷居到岐山腳下的周原，部族從此改稱為「周」。周人以農業立國，並成為商朝的外服方國之一。

在古代，西北地方是中外交流的重要通道，絲綢之路就經過這裡。商周時期，比中華文明出現得更早、發展得更先進的文明集中在北非和西亞地區。周人生活在西北，能夠第一時間接收傳入的西方文化，因而發展迅速。周人崛起後，積極對外擴張。到了周文王姬昌時期，周國已是「三分天下有其二」。姬昌一面「服事殷」，一面等待著時機。紂王也不傻，意識到了周人的威脅，但已無力招架，因為對夷方的戰爭已讓商朝「被掏空」，他實在沒法兩線作戰。姬昌死後，兒子姬發繼位，他就是周武王。姬發遷都鎬（在今陝西西安附近），開始準備滅商。他聯合不滿商朝的方國和部族，在孟津成立了反商大聯盟，前來會盟的部落首領有八百個。兩年後，周武王率領反商聯盟的軍隊向商都朝歌進發。公元前一〇四六年，在朝歌周邊的牧野，反商聯軍與紂王的軍隊展開了生死決戰，史稱「牧野之戰」。

據《史記》記載，牧野之戰期間，紂王發兵「七十萬」。這個數字過於誇張，畢竟那個時代全國也沒有多少人口。後世考證，可能是司馬遷寫反了，他寫的「七十萬」應該是「十七萬」。再來看反商聯軍，大約五萬人。可以說，紂王在軍隊人數上有壓倒性的優勢。可戰爭結果卻出人意料，周武王大獲全勝，打得紂王的軍隊血流漂杵，也就是連木棒子都在血泊上漂。會產生這樣的結果，不僅因為紂王失去民心、聯軍英勇作戰，還因為周人的武器太先進了。周朝的軍隊擁有兩項當時的「黑科技」：一是兩輪戰車，二是青銅劍。這兩項技術均來自西亞，這就是周人率先學習到的西方先進技術。儘管商朝也有馬車，但多用於貴族出行，並非應用於軍事作戰。史書記載聯軍有「戎車三百乘」，紂王軍隊本來就人心渙散，在戰場上看到周人的戰車橫衝直撞，更是膽戰心驚，最後都選擇了倒戈[1]投降。紂王見大勢已去，逃回朝歌，以自焚的方式結束了自己跌宕的一生。就這樣，商朝結束，周朝開始，歷史上稱此事為「武王伐紂」。

武王伐紂，不僅實現了改朝換代，還實現了邊疆政權對中原王朝的征服。武王伐紂的成功，還告訴了我們一個國家發展的真理：一個國家對外部文明的態度，直接決定了國運的興衰。如果清醒自知，虛心學習，就能發展壯大；盲目自大，拒絕吸納其他文明，就必然會落後而挨打。周人的崛起，這是因為前者；晚清的落後，印證了後者。

1 戈是古代單兵使用的武器，「倒戈」就是指士兵掉轉戈的方向，意味著投降敵軍並反過來攻打己方。

13 分封制與宗法制

血緣遠近看宗法　分封天下建諸侯

歷代王朝中，周朝立國最久，前後將近八百年。周朝的歷史可劃分為前後兩段：前三百年，首都在鎬京，稱為西周；後五百年，首都東遷到了洛邑，稱為東周。本篇，我們先來介紹一下西周。

周朝建立後，都城還是原來周國的都城鎬京。此時的周國已經變成了周朝，從一個地方方國變成「天下共主」。面對著空前擴大的疆土，周武王也有點昏了。一個邊陲小國出身的君主，如何去統治偌大的天下呢？商朝當年用的是外服制度，可外服方國就像「加盟店」一樣，雖然表面上掛著朝廷的招牌，但實際上獨立治國。遇到朝廷危難之時，方國還經常叛亂，讓朝廷很是頭疼。周朝就是以方國叛亂的方式奪取了殷商的天下，周武王絕不能允許自己的成功模式再被他人複製。於是，周武王將地方上的「加盟店」都改成了周王室的「直營店」。具體做法就是派親信去周邊地區建立諸侯國，代表周天子來統治這些地方。與之相應，諸侯王要定期朝覲周天子，還要出兵協助天子作戰。這種封邦建國的制度，就是分封制。可惜周武王還沒來得及完成分封，便撒手人寰了。（也有觀點認為，分封制起源於夏朝，為商朝所沿襲，在西周時完善。）臨終前，周武王將自己十二歲的兒子託付給了弟弟周公旦，這個兒子就是後來的周成王。周成王繼位後，周朝開始了「周公輔成王」的時代。

周公旦，姓姬名旦，就是「周公解夢」的那個周公。他輔政掌權，引得三個親兄弟眼紅，他們是管叔、蔡叔、霍叔[1]。三個兄弟被分封在殷地附近，本來是去監視紂王的兒子武庚的，因此又稱「三監」。可是三兄弟胳膊往外拐，因不滿周公輔政，竟然聯合武庚發動了叛亂，史稱「三監之亂」。此時，東部地區的地方勢力也趁機起事。一時間，周朝的統治岌岌可危。危急時刻，周公果斷親征平叛，誅殺了管叔和武庚。平叛後，為了加強對地方的控制，周公實行了更大規模的分封。

獲得分封的諸侯，主要是三種人。最多的是姬姓宗室，據《荀子》統計：周初分封了七十一國，姬姓之國多達五十三個。周武王的兄弟召公奭被分封於燕，周公旦被分封在了魯。但這兩位宗室也是朝廷重臣，得留在鎬京「上班」，所以就派了兒子去封地建國。武王的兒子唐叔虞被分封於唐，後來唐地改名為晉。排在宗室後面的是功臣，開國功臣姜尚就被分封到了齊。除宗室和功臣外，前代帝王的後裔也能獲得分封。比如紂王的哥哥微子啟，被分封到了宋。再比如堯的後裔被分封在了薊，就在今天的北京。分封的諸侯也有等級，有公、侯、伯、子、男五等爵位。公爵很少，大部分為侯爵和伯爵。

天子的同母兄弟多封為侯，異母兄弟則多封為伯。子爵與男爵，多封予遠支宗室或遠方蠻夷之地首領，比如偏遠的楚國的統治者就被封了子爵，地位比較低。分封制是一種新型的地方行政制度，實現了周王室對周邊地區的武裝拓殖，也加速了各地的文明進步，進而形成了「普天之下，莫非王土」的局面。

在諸侯國內部，諸侯還可以將土地繼續往下分封，分給自己的兒子或功臣，封他們做卿大夫。天子的兒子可以做諸侯，諸侯的兒子可以做卿大夫。當然，他們還會有一個幸運的兒子，可以直接繼承父親的天子或諸侯之位。那麼，這個幸運兒的選擇標準是什麼呢？這就需要有一個明確的繼承制度，否則，就會重蹈商朝九世之亂的覆轍。為此，周公確立了與分封制相輔相成的宗法制。

1 這裡的「叔」代表兄弟間的排序，不是「叔叔」的意思。古人的名字裡經常會出現「伯、仲、叔、季」這幾個字，代表兄弟間的排序。「伯、仲、叔、季」分別表示老大、老二、老三、老么。比如三國時期的孫策兄弟，老大孫策字伯符，老二孫權字仲謀，老三孫翊字叔弼，老四孫匡字季佐，就體現了「伯、仲、叔、季」的排序法。「伯」也可通「孟」，意思相同，比如「孟姜女」，就是姜家的大女兒。如果兄弟數量太多了，就會重複使用「叔」字。周武王有兄弟十人，老大是伯邑考，老二是周武王，老么是冉季載，剩下的中間兄弟都是叔字輩，如管叔、蔡叔、霍叔。古人也將這種排序方法用於其他事務的計數。比如，仲秋就是秋季的第二個月，仲夏就是夏季的第二個月。

所謂宗法，就是確定血緣正宗和遠近的辦法，以此作為分封的順序。男人正妻所生的兒子叫作嫡子，妾室所生的兒子叫作庶子。可以想像，嫡子的血緣肯定要比庶子的更正宗。那麼，嫡子中的哪一個最正宗呢？答案是嫡長子，即正妻所生的老大。有的朋友可能會想：如果生了雙胞胎怎麼辦？遇到這種情況，古人遵循「先出母體為大」的原則，先生出來的那個是嫡長子。宗法制的核心，就是嫡長子繼承制。嫡長子的血緣最正宗，被稱為「大宗」。天子的嫡長子是大宗，可以繼承天子之位；其他兒子都是「小宗」，只能當諸侯。諸侯的嫡長子是「大宗」，可以繼承諸侯王之位；其他兒子都是「小宗」，只能當卿大夫。普通百姓之家也很重視宗法，嫡長子是這一家族的「大宗」，其他兒子是「小宗」。百姓之家的嫡庶差距不如貴族那麼大，畢竟沒有王位要繼承。但是在體現家族地位的事務上，嫡長子還是有優先權的，比如作為宗嗣管理宗族和主持祭祀。在財產繼承權上，嫡庶之間並沒太大差距。

宗法制對中國古代社會的影響極大，上至天潢貴胄，下到黎民百姓，家族身分都是個人生存和發展的基礎。在宗法制下，全國上下都是依靠血緣關係組成的集團，分封制則是血緣關係在國家層面的表現。

吾中國社會之組織，以家族為單位，不以個人為單位，所謂家齊而後國治是也。周代宗法之制，在今日其形式雖廢，其精神猶存也。[2]

分封制下，天子分封諸侯，諸侯分封卿人夫，最底層的是老百姓，這就形成了一種金字塔型的社會結構。這種「分封建邦」的模式，與馬克思主義中「封建社會」的概念較為近似，致使共產中國成立後很長一段時間裡，秦朝到晚清的歷史都被中共定義為「封建社會」。直到近年，這種認知才開始有了新的評議。實際上，恰恰是秦的統一結束了分封建邦，結束了中國的封建社會。

2 出自梁啟超《新大陸遊記》。

14 井田制與禮樂制

等級有別心和同　華夏正統禮樂制

西周有四大制度，除了前面介紹的分封制與宗法制外，還有井田制和禮樂制。

在古代，土地歸誰所有、如何使用，是事關王朝穩定與發展的重要問題。周朝實行的井田制，是一種特殊的土地公有制度，土地在名義上都屬於周天子，不允許私人買賣。事實上，想賣也沒人會買，因為那時生產力水準較低，到處是無主荒地。井田制下，每戶農民能分到一百畝私田，稱為「一田」。除一百畝之外，每戶農民還要耕種十畝的公田。公田產出歸公家所有，私田產出歸自己所有。每家每戶的土地大小相近，一塊塊呈矩形整齊地排列。從遠處看，就像是「井」字，故稱這種制度為「井田制」。那時的耕種方式比較粗獷，一片井田只耕種三年。肥力下降後，就換一片劃分的土地重新耕種；使用的農具也比較落後，主要是木製、石製、骨製的。儘管那時是青銅時代，但青銅器是貴族專享的，不是給老百姓種田用的。關於井田制的問題，目前學界還有爭論，此處只對普遍性說法進行介紹。

周朝對後世影響最深遠的制度，當數周公制定的禮樂制度。何為禮樂？簡單來說，

「禮」是指禮儀，「樂」是指音樂。周人重視禮，所有社會活動都有相應的禮儀規範。春秋時期的《儀禮》詳細記載了從西周時期流傳下來的十七種禮儀。後人將其分為五大類，稱為「五禮」，分別是吉禮、凶禮、軍禮、賓禮、嘉禮。

吉禮是五禮的核心，即祭祀禮儀。古人很重視祭祀，《左傳》說：

> 國之大事，在祀與戎。

意思是打仗和祭祀是國家的頭等大事。周天子是「祭祀狂人」，山川日月、天地神明、祖先聖賢、厲鬼惡靈，統統都要祭祀；舉行祭祀的頻率也很高，有定期舉行的常祀，還有因災禍、戰爭、諸侯朝拜而臨時舉行的因祀。祭祀的禮儀程式相當煩瑣，必須有專門的官員來準備，六卿[1]之一的宗伯便負責此事。天子舉行宗廟祭祀時，光是要準備的器物就有十八類之多。比如要準備「匵」，一種特製的竹筐。祭祀時司巫要用匵盛放牌位並傳送到祭祀地點，絕不能用手持拿，否則就是對神主的褻瀆。還要準備稀世珍寶，

---

1 又稱「六官」，在中國古代，泛指地位僅次於宰相、三公的高品階大臣。始見於西周時期，不同歷史時期所指不同。

在祭祀時展示，以彰顯天子的排場。此外還有服裝準備和祭品準備，動物祭品有牛、羊、豬、狗、雞、馬、魚七種，統稱為「犧牲」。除了準備物品外，祭祀前還要進行占卜、發布戒嚴令、準備祭祀樂舞節目。祭祀前還要準備「立尸」，就是找一個人來扮演祖先，接受祭祀，象徵死而復生。一般情況下，都是讓孫子來扮演死去的爺爺。祭祀前的準備活動就如此複雜，祭祀當天的煩瑣程式便可想而知了。

五禮中的第二禮是凶禮，即喪禮。凶禮不僅包括喪葬禮儀，還規定了發生禍亂時諸侯國間如何弔唁，遇到水旱、疫病等災荒時如何救災，等等。軍禮則是有關軍事的禮儀，如閱兵、點將、出師等。賓禮是接待賓客的禮儀，如諸侯朝見天子之禮就規定：距離國都方圓一千五百里以內的諸侯，每年都要朝見一次；以外每遠五百里，朝見間隔時間增加一年。嘉禮的內容最龐雜，凡是具有喜慶意義的禮儀都屬嘉禮的範疇。如君主登基、冊立太子、分封王侯、節日朝賀、天子納后妃等。在民間，男子成年時舉行的冠禮、女子成年時舉行的笄禮、官府宴請賢者的鄉飲酒禮、射箭娛樂的賓射之禮，也屬於嘉禮的範疇。

周禮的核心在於體現身分的差異。比如，吉禮中規定，天子祭祀要用九個鼎，「一言九鼎」便來源於此；諸侯祭祀用七個鼎，卿大夫用五個，士只能用三個或一個。這種等級差異不可僭越，否則會遭到武力制裁。再比如，身分不同的人死了，其稱呼都有不同規定：天子死曰「崩」，諸侯死曰「薨」，卿大夫死曰「卒」，士死曰「不祿」，只有平民才能叫「死」。周禮用一系列日常生活中可耳濡目染的行為規範，讓大家在潛移默化中習慣身分差異，實質上是為了維護秩序。近代學者王國維將周禮的基本原則歸納為「親親、尊尊、賢賢」六個字。「親親」，即親近你的親人，使宗族團結友愛，這維護了家族秩序；「尊尊」，即尊重上級，聽上級的話，這維護了政治秩序；「賢賢」，就是敬重賢者，尊敬你的老師，這維護了文化秩序。周人透過禮，將各種社會秩序都維護好，這樣，天下也就穩定了。

由於周禮過於強調等級差異，難免讓不同等級的人之間產生心理隔閡，為了弭平隔閡，周人又用樂來調和禮。「樂」不僅包括音樂，還包括舞蹈和詩歌，《詩經》中的很多內容就源於周禮。廟堂之上、祭祀之地、宴飲場所，身分不同的人聽著相同的音樂，看著同樣的舞蹈，欣賞著同一首詩歌，大家的情感會自然而然產生共鳴，內心也會趨於和同。這種安分而和諧的畫面，正是禮樂制度所追求的。

禮樂制度的進步之處，在於用文化手段來維護統治秩序，體現了對生命的尊重。與商朝重鬼神、喜好殺人祭祀相比，周朝用禮樂制度代替血腥屠戮，這是莫大的文明進步。周人這種進步的文化價值觀念得到了周邊部族的認同，在此基礎之上，華夏觀念逐漸形成。《春秋左傳．正義》說：

中國有禮儀之大，故稱夏；有服章之美，謂之華。

禮樂文化不僅被傳承給了後世，還輻射到了東亞各國。比如，樂中有一種雅樂，是帝王出席典禮時所用的。當今日本國歌《君之代》，其莊重肅穆的曲風就源於隋唐雅樂。可能是因為它太莊重肅穆了，很多國人聽到後，錯以為是哀樂。

15 西周的結束

烽火沒有戲諸侯　岳丈一怒亡西周

周公輔佐成王，鎮壓了各地叛亂，完善了分封制和宗法制，還制禮作樂，使周朝的江山社稷穩固下來。成王之後是康王，他延續了周成王的政策，延續著國泰民安的局面。相傳，周成王和周康王主政的四十多年間，國家都沒怎麼使用過刑罰，社會相當和諧，歷史上稱這段時期為「成康之治」。

周康王之後是周昭王和周穆王，這爺倆在位時，南方的楚國開始崛起。楚人的風俗習慣與文化觀念有別於中原，不太認同周朝。周昭王一怒之下，親征伐楚。結果，在渡漢水時不幸淹死，也有人說他被鱷魚給吃了。此後的楚國，徹底放飛自我，在江漢地區不斷發展壯大。除了南方的楚國外，在西北還有一個讓周王室頭疼的勢力——犬戎[1]族諸部。犬戎族自稱自己的祖先是「二白犬」，並以此為圖騰。「白犬」可能是指白狼，可

1　古代中原政權將周邊部族政權具體分為「四夷」：南方稱「蠻」，東方稱「夷」，西方稱「戎」，北方稱「狄」。犬戎，古族名，古戎人的一支，殷周時，游牧於涇渭流域（在今陝西彬州、岐山一帶），為殷周西邊的勁敵，曾與周文王、周穆王進行過戰爭。

以看出犬戎族崇尚兇悍。周穆王時，犬戎族沒有及時向周朝進貢，周穆王以此為由而西征。雖然周穆王最終獲勝，但雙方也結下了深仇大恨。相傳，在西征過程中，周穆王見到了西王母，二人還傳出了緋聞。這個西王母，就是《西遊記》裡王母娘娘的原型。學者推測，西王母可能是西域某個母系氏族部落的首領，說明周朝的勢力在周穆王時可能遠達西域。

穆王之後是共、懿、孝、夷四王。他們雖沒有什麼建樹，倒也能勉強維持國政。周邊的少數民族，在此期間得到發展。當周朝傳到第十代王周厲王時，開始走向末路。為了重振王室雄風，周厲王屢屢對周邊少數民族用兵。打仗很費錢，為了斂財，他發明了「專利」政策，就是將山林川澤收歸王室所有，老百姓想使用的話就得交稅。上山砍柴，交稅！下水捕魚，交稅！幹啥都得交稅！老百姓就很不爽，私下裡咒罵周厲王。為了壓制輿論，周厲王又派人「監謗」，對批評者嚴懲不貸。那時，老百姓在路上互相遇見了都不敢說話，只用眼神交流。用眼神來咒罵周厲王，這就是成語「道路以目」的出處。大臣提醒周厲王「防民之口，甚於防川」[2]，周厲王卻滿不在乎。西元前八四一年，都城裡憤怒的貴族和平民發起暴動，將周厲王趕下了臺，這就是「國人暴動」[3]。國君被自己人趕下臺，這在歷史上還是第一次。

周厲王下臺後，由周公[4]和召公共同攝政，也有說法是共伯和攝政[5]，史稱「共和行政」。就這樣，西元前八四一年成了「共和」元年，成為中國第一個確切的紀年。此後的中國歷史，一年接著一年地記錄，一直到今天。周厲王過了十四年的流亡生活，最後抑鬱而終，「共和行政」也隨之結束。周厲王死後，大臣們擁戴周厲王的兒子繼位，也就是周宣王。周宣王吸取了父親下臺的教訓，任用賢臣，勵精圖治，周朝的頹勢有所改善，出現了「宣王中興」的局面。然而，這次中興更像是一種回光返照。

周宣王死後，兒子周幽王繼位。也許是隔代遺傳的緣故，周幽王跟他的爺爺很像，非常喜歡折騰。爺爺的折騰多少還帶點家國情懷，而孫子完全是為情所困而瞎折騰。周幽王寵愛一個叫褒姒的妾室，愛到癡迷。褒姒是個冷美人，不愛笑。為了博美人一笑，

2　堵老百姓的嘴，就好比堵洪水，一旦決堤，後果將不堪設想。

3　周王室控制的區域和各個諸侯國，其國土一般分為「國」和「野」兩個區域。這種劃分方式源自分封制，最初分封的時候，諸侯率領本族人到達分封地，要先建一個軍事據點，這個據點後來就演化為都城。後來，都城區域被稱為「國」，都城以外的區域被稱為「野」。居住在都城裡的人被稱為「國人」，又稱「君子」，他們都是貴族及其親信，屬於統治階層；居住在都城以外區域的人，被稱為「野人」，也被稱為「庶人」，他們是當地的原住民，屬於被統治階層。一般來說，國人負責當兵作戰，野人負責農業生產。

4　周公旦的後代。

5　編按：「共伯和」的身分尚無定論。有一說是共國國君，名和；一說「共伯和」是衛武公的別稱。

周幽王竟然點燃了用於傳遞軍情的烽火臺。諸侯一見烽火，以為是外敵入侵，紛紛趕到都城來救駕。看著千軍萬馬被耍得團團轉，褒姒還真就笑了。被戲耍的諸侯很惱火，後來，西北的犬戎族入侵，周幽王再次點烽火求救，諸侯都不來了。最後，周幽王死於犬戎之亂，西周就這樣戲劇性地落幕了。

愛美人不愛江山，周幽王烽火戲諸侯的故事一直為後世津津樂道。然而，故事的真實性很可疑。因為整軍發兵的過程很複雜，行軍之路要耗費好幾天，有的甚至長達數月。因此，不可能周幽王一點燃烽火，就立即有千軍萬馬趕到。故事裡周幽王和褒姒等待的時間，應該是漫長而無趣的，一點也不好笑。更重要的是，歷史上的烽火臺主要修建於秦漢時期，當時可能壓根就沒有這東西。所以，這個類似「狼來了」的故事，極有可能是後世編造的，和紂王的「酒池肉林」是同一個套路，又是為了「黑」亡國之君。

二〇一一年，北京的清華大學整理戰國竹簡，發現了關於幽王亡國的文字記載。西周的滅亡，確實和周幽王寵愛褒姒有關，但並非「烽火戲諸侯」造成的，而是立儲糾紛導致的。周幽王的正妻是申后，乃諸侯申侯之女。幽王和申后生有兒子宜臼，按照宗法制，宜臼是嫡長子，理應被立為太子。可是周幽王寵幸褒姒，在戀愛腦的驅使下，他竟然廢黜申后，並改立褒姒生的兒子伯服為太子。這一改立，給他惹了大麻煩。古代妻子在夫家的地位很大程度上取決於娘家的勢力，見女兒被廢，申侯聯合周朝的死對頭犬戎等，對首都鎬京發起了進攻。最後，鎬京城破，混亂中，周幽王被殺死於驪山山腳下。

古代王朝是「家天下」，君王的家務事糾紛隨時可能演化為重大政治事件。喜新厭舊是人之常情，移情別戀亦是常有之事，然而，如果君王被愛情沖昏了頭腦，破壞家庭關係，不僅會妻離子散，還可能身死國亡。後人編造了「烽火戲諸侯」的故事，不僅是要勸誡後世君王，也是想強調「家和萬事興」的道理。然而，這個故事也體現了古代男權社會的一個「甩鍋」邏輯——女人是紅顏禍水。實際上，紅顏只是在「背黑鍋」，主要原因還是在於君王自身的昏庸。君王自己「渣」，遇見誰，誰都是禍水。

16 東周的開始

坑爹死平王東遷　天子涼諸侯雄起

中國古代的中原政權有一種「華夷之辨」的觀念，認為中原華夏是文明的禮儀之邦，周邊的少數民族是不服教化的落後蠻夷。然而，西周被犬戎族滅了，文明被野蠻擊敗，這讓中原王朝感到很是丟人現眼。幸好西周滅亡後，周朝還有東周作為續集。

周幽王死後，太子宜臼在外公申侯的扶持下繼位，是為周平王。手黑外公教訓了負心女婿，替女兒出了氣，可這氣出得太過了。犬戎族入侵，不僅殺死了周幽王，還洗劫並摧毀了都城鎬京。周平王繼位後，在鎬京的日子過不下去了。於是，在鄭、秦、晉等諸侯國的幫助下，周平王遷都洛邑（在今洛陽附近）。因為洛邑在鎬京東面，所以歷史上將周平王東遷後的周朝稱為東周。

具體來說，東周還可分為兩段。前半段是從西元前七七〇年到西元前四七六年，時間與孔子修訂的史書《春秋》大致相當，故而得名「春秋」；後半段是從西元前四七五年到西元前二二一年，因為這個時期列國交戰，且西漢末年劉向編纂的《戰國策》開始用作時代名，故而得名「戰國」。

雖然都叫「周」，但東周和西周的政治情況差別很大。西周時期，周天子是「天下共主」，維持著作為老大的體面。可到了東周時期，天子的地位一落千丈，淪為擺設，只能看諸侯的臉色來「續命」。《左傳》說「國之大事，在祀與戎。」意思就是，國家的權力，集中體現在禮樂與征戰上。對於這兩件國之大事，西周天子有絕對的話語權。到了東周，話語權轉移到了諸侯那裡。孔子對此有精闢的總結：

天下有道，則禮樂征伐自天子出；天下無道，則禮樂征伐自諸侯出。[1]

在孔子的眼裡，東周是一個天下無道、禮崩樂壞的時代，周天子只得靠邊站了。

周王室衰落的直接原因是犬戎族入侵，大哥的臉面被蠻夷一掃而光。透過現象看本質，周王室衰落的根本原因在於它的實力不行了。西周建立之初，王室控制著大片土地，各個諸侯國無法以一國之力與王室抗衡。可是西周推行了二百多年的分封制，封了上百個諸侯國，周王室的土地所剩無幾。到東周初年，周王室直接控制的領土只相當於中等諸侯國的大小。另外，西周實行分封制的作用此時也失效了。分封制的本質，是透過血

1 出自《論語・季氏》。

緣聯繫對地方實行間接控制。這種血緣聯繫在一開始還很管用，但經過二百多年歲月的洗刷，周王室與當年那些親戚和功臣的後人，關係很疏遠，形同路人。這就像你跟親弟弟的關係很近，跟堂弟關係就要遠一些，如果是七八代以外的親屬，那估計你都不認識。東周時期，地方已經完全失控，各諸侯國已經是獨立狀態，連表面的朝覲禮儀，諸侯都懶得做樣子了。在歷時近三百年的春秋時期，魯國國君僅朝見了周天子三次。要知道，魯國當年可是分封給周公旦的後代，是禮儀之邦。連崇尚周禮的魯國都不搭理天子了，可見天子的處境何其落寞。

一沒實力，二沒關係，周王室的衰落是歷史的必然。可是，作為東周的第一位君主，周平王看不清形勢，不願意接受這個現實，總想在諸侯面前找回一點天子的威嚴。可結果卻是：每找一次面子，就會被諸侯「撅」(方言，指挫敗、使人難堪) 一次。

第一個狂「撅」天子的諸侯國是鄭國。鄭國是周宣王弟弟的封國，在首都鎬京附近。周平王東遷時，鄭國全力支持王室，有護駕之功。東周初年，周王室非常倚重鄭國，鄭武公和鄭莊公父子相繼擔任卿士，總攬東周朝政。受到如此器重，鄭國有點「飄」了。鄭莊公總想著操控周王室，想「挾天子以令諸侯」，這引起了周平王的不滿。為了削弱鄭國，周平王將鄭莊公的權力分割給別的大臣。鄭莊公暴怒，竟然公開質問周平王。周平王也沒魄力，做了還不敢承認，只好低三下四地向鄭莊公解釋：這都是沒有的事，愛卿別生氣！為了維護彼此脆弱的友情，周平王和鄭莊公互相將兒子送到對方那裡做人質，史稱「周鄭交質」。互相交換兒子做質子，是諸侯國之間常用的外交手段，可以一定程度上避免戰爭，也可形成軍事同盟。天子與諸侯交換質子，說明天子的地位已經淪落到和諸侯一樣了，再也不是唯我獨尊的「天下共主」了。

周平王死後，其孫子周桓王繼位。他也不滿鄭國架空王室權力，直接把鄭莊公開除了公職。鄭莊公連他爺爺都不慣著，怎麼會慣著孫子？為了報復周桓王，鄭莊公派人把洛邑附近的王室莊稼給收割走了。這件事的傷害性不大，但侮辱性極強。周桓王得知後，氣得跳腳，這哪能行啊？以後在其他諸侯小弟面前我還怎麼混！周桓王比他爺爺有魄力，親率軍隊去討伐鄭國，結果大敗而歸。戰爭中，周桓王的肩膀還被鄭軍射中了一箭。從此，周天子的肩膀就再也擔負不起「天下共主」的重任了。

雖然周朝是中國歷史上國祚最長的朝代，但天子治天下只有西周時不到三百年的時間。整個東周的五百多年裡，天子一直是「打醬油」（編按：跑龍套的意思）的角色。主角的光環，轉移到了各位諸侯身上，歷史進入了一個群星閃耀的年代。春秋時期，一百多個諸侯國同臺競技，上演了一齣齣風起雲湧、旨在稱霸天下的歷史大戲。

17 春秋五霸（上）

勿忘在莒成大器　霸業如夢一場戲

春秋三百年，天子打醬油，「禮樂征伐自諸侯出」。一百多個諸侯國混戰不休，強大者，憑藉武力和威望號令群雄，稱霸天下。這期間，出現了幾個諸侯霸主，史稱「春秋五霸」。

五霸之首是齊桓公[1]，姓姜名小白，是姜尚的第十二代孫。小白的哥哥齊襄公荒淫無道，齊國動盪不安。為了避禍，小白跑到了附近的莒國。小白有一個謀士，叫鮑叔牙。鮑叔牙有一個好朋友叫管仲，管仲輔佐著小白的哥哥公子糾。公子糾當時跑到了鄰近的魯國避難。後來，齊襄公被殺，齊國群龍無首，小白和公子糾都急著趕回國繼承王位。管仲一面要公子糾趕路，一面親自率兵車攔截小白。堵到小白後，管仲就朝他射了一箭，小白被射中，口吐鮮血倒下。公子糾一看沒人和自己爭奪王位了，以為必得，就放慢了回國的腳步。不承想，管仲那一箭射在了小白的帶鉤上（帶鉤是古人腰帶上的掛鉤，多用青銅鑄造，也有用黃金、白銀、鐵、玉等製成的），小白咬破舌頭吐血裝死，逃過了一劫。隨後，小白日夜兼程，率先趕回了齊國繼位，成為齊桓公。

政治鬥爭無比殘酷，輸了就會死，哪怕是親兄弟也一樣。齊桓公即位後，公子糾被逼而死。管仲差點也被殺，但鮑叔牙勸說齊桓公：如果只想當個諸侯，讓自己來輔佐就夠了；如果想稱霸天下，就必須重用管仲。齊桓公心胸廣大，任用管仲為國相，相當於今天的行政院長。在管仲的主持下，齊國開始了以富國強兵為目標的改革。在富國方面，齊國廢除了井田制，承認土地私有，然後「相地而衰徵」，根據土地的實際情況而徵稅。齊國臨海，管仲還大興魚鹽之利。為了吸引外商，管仲頒布了諸多招商政策。比如每隔三十里建一個客舍，供外商投宿。外商來一輛車，可免費用餐；來三輛車，可免費餵馬；來五輛車，還會給配備侍從。管仲還在都城臨淄開辦國營妓院，稱為「女閭」。這不僅吸引了外商，還增加了政府的收入。強兵方面，管仲編練了三軍，將招兵範圍擴大到鄉野庶人，建立了強大的常備軍。

管仲改革後，齊國迅速崛起。可光有實力還不行，還得有讓諸侯信服的威望。為此，齊桓公打出了「尊王攘夷」的旗號，「尊王」就是尊崇周天子，「攘夷」就是抵禦蠻夷。這裡的「蠻夷」，主要指南方的楚國。齊桓公曾組織八國諸侯聯軍伐楚，迫使楚國講和。

---

1 「公」是諸侯死後對其的尊稱，並非真實爵位。史書稱呼諸侯時，一般把國號放在前，尊稱放在後，中間再加上這個諸侯的謚號。「桓」就是齊桓公的謚號。

西元前六五一年，齊桓公在葵丘會見諸侯，周天子也派人參加了大會，並賜予齊桓公祭祀用的胙肉，這等於是認可了齊桓公的霸主地位。

成為霸主後的齊桓公有點「飄」，他想封禪[2]泰山，這可是功勳卓著的天子才能做的事情。幸好管仲直言勸諫，齊桓公才作罷。管仲提醒齊桓公，不要忘記早年在莒國流亡的日子，要居安思危，這就是成語「勿忘在莒」的出處。可是，晚年的齊桓公喪失了奮鬥的初心，總是喜歡和阿諛奉承他的小人混在一起。齊桓公有個叫易牙的臣下，他聽說齊桓公想吃嬰兒肉，就殺了自己的兒子進獻。管仲臨死前，一再告誡齊桓公要遠離易牙等小人。可齊桓公不聽，偏要重用他們治國，齊國走向了衰敗。齊桓公四十三年（西元前六四三年），齊桓公病重，五個兒子互相攻打，忙著奪權，齊國陷入大亂。最後，齊桓公在混亂中餓死，死了六十七天也沒人管，蛆蟲爬滿了屍體。一代霸主的一生以這樣的方式收場，著實令人唏噓。

齊桓公死後，齊國的霸業戛然而止，風水轉到了晉國這邊。晉國地處中原核心地帶，疆域遼闊，有稱霸的先天條件。晉文公還接過了「尊王攘夷」大旗，帶領中原諸侯對抗楚國。西元前六三二年，晉、楚兩國在城濮大戰，這是春秋時期規模最大的戰爭。晉文公早年曾流亡於楚國，受到了楚成王的禮遇。為表謝意，晉文公許諾：如果今後晉楚開戰，晉軍會退後三舍[3]。城濮之戰開戰後，晉軍果真退後了三舍。可這並不是為了表達謝意，而是誘敵深入之計。楚軍見晉軍後退，輕敵追擊，結果遭到慘敗。城濮之戰勝利後，晉文公大會諸侯，成為春秋時期第二位霸主。

春秋第三霸是楚莊王。楚國地處南方，文化與中原迥異。商周之際，楚人首領鬻熊投靠周王室，因而獲得分封，但只獲得了子爵，是等級最低的諸侯。顯然，被視為南方蠻夷的楚國受到了周王室的輕視。但另一方面，南方遠離中原的紛爭，楚國可以悶聲發大財。春秋時期，楚國占據了整個長江中游地區，實力大增。以為自己厲害了，楚國就向周天子索要更高級的爵位，結果被無情拒絕。一氣之下，楚國國君自立稱王，不跟周朝一起玩了。這引起了中原諸侯更強烈的反感，因此中原諸侯多次聯合伐楚。然而，楚國就像打不死的小強，始終沒有被打倒。楚莊王時，楚軍北進中原，飲馬黃河，在周王室的洛邑附近舉行大規模閱兵。忐忑的周天子派王孫滿去慰勞楚軍，楚莊王挑釁地問道：天子的九鼎有多大？有多重？這就是著名的「問鼎中原」事件，體現了楚國取代周朝的野心。王孫滿巧妙地回答道：

2「封」指祭天，「禪」指祭地。古代君主在國力強盛或出現祥瑞的時候會舉行祭天、祭地的封禪典禮。

3「舍」在古代是距離單位，一舍合三十里。

（天子之位）在德不在鼎。……周德雖衰，天命未改，鼎之輕重，未可問也。[4]

這一機智的外交回答，讓楚莊王認識到楚國的威望和實力還不足。問鼎中原，最後也只是問問罷了。

功成名就的人，最怕忘乎所以，站得越高，摔得越慘。齊桓公晚年忘記初心，最後結局淒慘；相比之下，楚莊王問鼎中原，雖然有點「飄」，但最後還是清醒地認識到了自己的不足，及時止損。

4　出自《左傳．宣公三年》。

18　春秋五霸（下）

秦穆公與狼共舞　宋襄公獻子貴族

齊、晉、楚是春秋時期最強大的三個國家，齊桓公、晉文公、楚莊王也是春秋五霸中公認的三個霸主。至於另外兩個霸主是誰，歷來眾說紛紜。有兩種主流說法：第一種說法是秦穆公和宋襄公，第二種說法是吳王闔閭和越王句踐。

相傳，秦人的祖先因為擅長飼養鳥獸而得到舜的賞識，被賜姓為嬴。到了商朝，秦人又負責為商王駕馭馬車，因為表現出色，以「御用老司機」的身分步入貴族行列。西周建立後，秦人因參與三監之亂，被周公旦從山東遷徙到了西北地方。秦人在春秋時期被稱為「秦夷」，可能是因為他們的老家在山東（東方的部族被稱為「夷」）。到了西北地區後，秦人又幹起了老本行——給周天子養馬。周平王東遷時，秦襄公派出車隊護送，立下勤王之功，被正式封為諸侯，所以，秦襄公也是秦國的開國君主。周平王還給秦襄公開了一張空頭支票：西北戎族十分生猛，把我父王都殺死了，如果你們秦人能趕走戎族，西北那片地方就歸你們。從此，秦人開始了與狼共舞的日子，長期與戎族戰鬥。經過一百多年的努力，秦人先後征服了眾多戎族小國，史稱「益國十二，開地千里」，真的兌現了周平王開的空頭支票。秦穆公時，秦國「遂霸西戎」，晉升為春秋強國。

吳、越兩國地處長江下游，吳國的領土範圍大致相當於今天的江蘇，越國則相當於今天的浙江，是緊密相鄰的兩個鄰居。春秋末期，吳、越展開了長達半個世紀的爭霸。兩國衝突的根源在於地緣政治。吳國想參與中原的爭霸，一心要解決越國這個後顧之憂；越國想北進中原，也勢必以吳國為通道。西元前四九六年，吳王闔閭進攻越國。由於衝鋒的時候用力過猛，闔閭的腳趾被越軍砍斷，最後不治而亡。闔閭死後，兒子夫差繼位。兩年後，越國趁機進攻吳國，被夫差擊敗。吳軍乘勝追擊，攻入越國境內，占領都城會稽。越王句踐走投無路，只好向吳國投降。吳國大臣伍子胥勸諫夫差：「今不滅越，後必悔之。」可是夫差沒有採納伍子胥的建議，只要求句踐到吳國來做人質。

句踐來到吳國，給夫差當了三年幹雜活的人。他又是駕車，又是餵馬，把夫差伺候得舒舒服服的，最後被釋放回國。回國後，句踐每天睡在柴草上，還在臥室內掛了一只苦膽，每頓飯前都要嘗一下苦膽的味道。句踐自虐，臥薪嘗膽，以提醒自己牢記被俘的恥辱，立志報仇雪恨。句踐推行了一系列的強國計畫，最重要的是鼓勵生育。具體內容是：孩子出生時，官府會派醫生前來助產。如果生的是男孩，國家獎勵兩壺好酒加一條狗；如果生的是女孩，國家獎勵兩壺好酒加一頭小豬。如果生了三胎，國家還會免費安排育嬰師。如果生了兩個兒子，國家就免費供應糧食[1]。生活在句踐時代的越國，只要你努力生孩子，就可以衣食無憂。經過十多年的努力，越國國力大增，開始了復仇之戰。在句踐戰敗的二十年後，越軍攻入吳國首都，滅掉了吳國。句踐本想將夫差流放軟禁，並給他百戶人家供養他。夫差卻說：

> 孤老矣，不能事君王也。吾悔不用子胥之言，自令陷此。[2]

最後，夫差拔劍自刎。一代霸主在悔恨中死去，一代霸主又在復仇中崛起。

春秋時期最有趣的霸主要數宋襄公。他能稱霸，靠的不是實力，而是氣質，一種貴族的氣質。周朝崇尚一種貴族精神，具體表現為君子守禮的信義，是一種禮樂文化影響下的品行做派。宋楚泓水之戰中，宋襄公完美詮釋了這種貴族精神。開戰前，宋軍已經嚴陣以待，楚軍則要渡過泓水前來交戰。宋軍將領建議趁楚軍渡河時發起進攻，宋襄公卻拒絕了，他解釋道：「君子打仗，不能攻擊已經重傷的敵人，不能擒殺鬢髮斑白的老

---

1 將免者以告，公令醫守之。生丈夫，二壺酒，一犬；生女子，二壺酒，一豚；生三人，公與之母；生二子，公與之餼。（《國語》）

2 出自《史記．吳太伯世家》。

人；敵人處於險境，不能乘人之危。」[3]在宋襄公的堅持下，楚軍渡河並列陣完畢後，宋軍才發起進攻。結果，宋軍因寡不敵眾而大敗。宋襄公的大腿還被射了一箭，第二年箭傷惡化，他優雅地死去了。

今人讀到宋襄公的故事，大多會嘲笑他是個獃子，笑他不懂得爾虞我詐，輸了活該！的確，從功利的角度看，宋襄公確實有些愚蠢，至少在弱肉強食的戰亂時代是個另類。但從文明的視角來看，有些東西遠比生死成敗更為重要，那就是道義與精神。也許，戰爭的殘酷和勝者的淫威，早已讓大家對道義失去了信心。可是，中國歷史上至少還有宋襄公這樣的人，在堅守著最後的貴族精神，傳承著文明的基因。即便迎著冷眼與嘲笑，他們也從沒有放棄過心中的理想。雖然勢小，卻從未斷絕。這種無謂成敗、寧可身死也不放棄價值操守的精神，正是讓中華文明能夠綿延數千年的精神。司馬遷在《史記》中將宋襄公列為春秋五霸，表明了史學家對他的認同，這也代表了後世士人階層對道義的態度。

近代以來，人類文明覺醒，各種國際公約都不允許在戰爭中虐殺戰俘、不宣而戰、濫殺無辜的行為。這些原則與宋襄公宣導的道義不謀而合。宋襄公的失敗，並不是道義的失敗，而是春秋那個時代真的「禮崩樂壞」了。

3 君子不重傷，不禽二毛。古之為軍也，不以阻隘也。（《左傳．僖公二十二年》）

19 戰國的到來

淘汰賽戰國七雄 鐵器現變法圖強

常年的爭霸戰爭，讓民眾苦不堪言，國君也筋疲力盡。春秋後期，在宋國的斡旋下，晉、楚兩國形成了「弭兵之盟」，各諸侯國達成和平協定。可是好景不長，當歷史的長河在春秋時代流淌了三百年後，便洶湧地奔向了戰國時代。戰國時期的歷史，更加動盪而慘烈。

關於春秋與戰國的時間界限，傳統觀點是把周元王即位的西元前四七五年作為分界線，大抵是因為《史記．六國年表》始於周元王元年。但這一分法有一個明顯的不足，它將春秋時期最後一位霸主句踐劃入了戰國時代。所以，目前學界也有許多人傾向於將西元前四五三年作為戰國時期的開端，因為這一年發生了一件劃時代的事情——晉國解體了。

春秋後期，在弭兵運動的影響下，大國間的爭霸漸消，各國轉而開始內部爭鬥。在諸侯國內部，掌握軍權的卿大夫漸漸成了權力主宰。最典型的是晉國，這個超級大國的政權被智氏、趙氏、魏氏、韓氏四家卿大夫所把持。國君只能忐忑地靠邊站，像周天子一樣成了吉祥物。四家卿大夫中，智家的勢力最大。西元前四五三年，智家想要黑吃黑，要求趙、魏、韓三家捐獻土地，不料打狗不成反被咬，智家被其他三家組團滅掉。隨後，三家各立門戶，晉國被瓜分，變成了趙、魏、韓三國。周天子也管不了，只能送了個順水人情，承認三國的諸侯身分。晉國解體半個多世紀後，春秋的另一超級大國——齊國，也發生了劇變。齊國本是周朝開國功臣姜尚的封國，故稱姜氏齊國。春秋末年，齊國的大權被卿大夫田氏把持著。西元前三九一年，田氏廢掉了國君，自立為王。但田氏沒有更改國號，繼續打著齊國的招牌躋身諸侯行列，史稱「田氏代齊」。可以看出，戰國時代的天下更加無道，已然不是「禮樂征伐自諸侯出」，而是「禮樂征伐自卿大夫出」了。

戰國時期，諸侯國間的戰爭更為激烈，戰爭性質也變了味。春秋時期，諸侯間的戰爭多是為了稱霸，相當於爭面子的「排位賽」。到了戰國時期，「排位賽」變成了你死我活的「淘汰賽」。戰爭的目的不再是稱霸，而是吞併對方的領土，甚至徹底消滅對方。春秋時期的一百多個諸侯國，到戰國時期僅剩十餘個，其中有七個大國，被合稱為「戰國七雄」。其中，晉國解體形成的趙、魏、韓三國，占了七雄中的三雄；田氏齊國占了一雄；打不死的小強——楚國，依舊在南方堅挺著，也占一雄；七雄的另外兩雄，是地處西北地方的秦國和靠近東北地區的燕國。秦、燕兩國地處邊疆，長期與游牧民族為鄰，磨煉出了強悍的戰鬥力。戰國七雄，按照地理位置來看，東南西北到中間分別是齊、楚、秦、燕、趙、魏、韓。七雄之外，還有極少數倖存的小諸侯國。它們只能躲在角落裡苟延殘喘，瑟瑟發抖地等待著大國的「命運審判」。

戰國時期，戰爭的形式和規模較春秋時期也大為不同。春秋時期的戰爭形式以戰車作戰為主，步兵為輔，規模不過萬人左右。交戰時，雙方軍隊在平原上互相攻擊，只要對方敗退了，就決出勝負了。這種戰爭講究程式和禮節，雙方點到為止，透著文質彬彬的貴族精神，講究武德。而戰國時期的戰爭形式則以步兵為主、騎兵為輔，雙方瘋狂廝殺，不殺個你死我活絕不甘休。雙方常常舉全國之力，動員幾十萬甚至上百萬人參戰，仗一打就是好幾年。戰爭中還伴有虐殺戰俘和屠城的現象，極為慘烈、野蠻，毫無道義可言。

面對攸關生死存亡的殘酷競賽，各國都在拚命地提升國力，想盡辦法調動國內的全部資源。而戰國時期的生產方式和社會結構又和春秋時期大不相同。戰國時期，中國進入鐵器時代。生產方式上，鐵器和牛耕技術在春秋末期出現，在戰國時期得到推廣，使得生產力水準空前提高。不同於貴族專屬的青銅器，鐵器成為農民普遍使用的生產工具。憑藉鐵製農具，農民開墾出更多的土地，這些土地自然便成為農民的私田。農民精心耕種私田，公田則任其荒蕪，井田制因此瓦解，土地私有制成為主流。國家失去了公田的收入，就要對經濟制度進行改革，否則養不起政府和軍隊。生產力的提高也加速了社會結構的改變。《呂氏春秋》記載，戰國時期，一個農民種一百畝地就可以養活五到九口人，這使得人口數量激增。春秋時期的「小國寡民」膨脹成戰國時的「人口泱泱」，小型簡單社會演變成了大型複雜社會。顯然，過去的社會管理方式無法適應當下的社會發展了。這一系列的變化，使戰國進入一個全新的時代。新的時代要求新的制度，變法成為戰國時代的政治潮流。所謂變法，是對國家制度，包括政治體制、經濟體制、社會管理方式等進行變革。

魏國開啟了戰國變法運動的大幕，其變法由國相李悝主持。李悝變法的核心思想是廢除貴族特權，加強國家對社會的全面管控。李悝的變法非常成功，使魏國在戰國七雄中率先崛起。各國紛紛效仿魏國，根據李悝變法的內容進行模仿和改進，代表性的變法還有楚國的吳起變法、齊國的鄒忌變法、韓國的申不害變法等。在各國的變法中，變革最徹底、影響最深遠、效果最佳的，當數秦國的商鞅變法。商鞅變法不僅改變了秦國，還影響了未來兩千年中國歷史的走向。

20 商鞅變法

中央集權一人治　商鞅變法秦逆襲

商鞅出身於衛國貴族，因為他後來的封地在商，所以人們都稱他為商鞅。商鞅年輕時喜好刑名之學，整天研究法律制度、駕馭臣民等問題，這就是後來的法家學說。商鞅最初想在魏國效力，那時的魏國是戰國初期的強國，魏國的國相公叔痤發現商鞅是個人才，便在彌留之際向魏惠王舉薦商鞅，並建議「舉國而聽之」。魏惠王沒理睬他，以為公叔痤病糊塗了，居然要把國家交給一個無名小輩。公叔痤看出了魏惠王的態度，緊接著又說道：「如果大王不用商鞅，就殺了他，防止他出境去為別國效力。」[1]魏惠王走後，公叔痤立即叫來商鞅，把剛才的事和盤托出，讓商鞅趕緊跑路。公叔痤這樣做，雖然有點「精神分裂」，但先公後私，也算是忠義兩全。商鞅聽完很淡定，對公叔痤說：「既然魏王不會聽你的建議重用我，那他又怎麼會聽你的勸告殺了我呢？」[2]果然，魏惠王並

1　王即不聽用鞅，必殺之，無令出境。（《史記．商君列傳》）
2　彼王不能用君之言任臣，又安能用君之言殺臣乎？（《史記．商君列傳》）

未搭理商鞅。從此事可以看出，商鞅對人心和權術的體察，可謂鞭辟入裡。此處不留爺，自有留爺處。公叔痤死後，商鞅來到了「隔壁」的秦國。

此時，秦霸西北已三、四百年，但同其他六雄相比，秦國依舊在「後段班」。魏國憑變法強大後，就經常欺侮秦國。西元前三六一年，秦孝公即位，他感嘆「諸侯卑秦，醜莫大焉」，立志要改變落後面貌，變法圖強。因此，秦孝公下達了求賢令，跪求治國能手。他還許諾，誰能「出奇計強秦」，將「與之分土」，以領土作為獎賞。商鞅想方設法見到了秦孝公，他們一個壯志難酬，一個求賢若渴，二人相遇，乾柴烈火。公元前三五六年，商鞅開始在秦國實行變法。變法的核心理念，是加強君主集權，實現國家對民眾的全面駕馭，從而提高國家機器的戰鬥力。

首先，要讓民眾拚命為國家幹活，多種地、多交稅，這樣才有財力對外征戰。為此，商鞅推出了「獎勵耕織」的政策，種地多、織布多的民眾會得到獎勵。為了鼓勵民眾種地，商鞅還「廢井田，開阡陌」[3]，承認土地私有制。土地成為私產，民眾幹活的積極性就提高了，國家稅收也隨之增加。商鞅鄙視商業，認為商人不從事生產，只會投機倒把賺差價，不勞而獲。所以，商鞅下令懲罰那些棄農從商的人。這種「重農抑商」的觀念，成為後世歷代王朝的主流治國思想，直到唐宋時期才有所轉變。

其次，變法要加強國家對地方和民眾的控制，商鞅為此推行縣制和連坐法。分封制下，諸侯將地方交給卿大夫管理。由於卿大夫也是世襲的，這就很容易造成諸侯國內部分權和地方割據，嚴重時則會出現類似「三家分晉」和「田氏代齊」的情況。商鞅在秦國普遍推行縣制，在地方設立縣，長官由國君任免，不再是由世襲者管理。縣制是一種新型行政制度，它大大加強了中央集權，提高了君主的權威。連坐法是一種針對民眾的基層管理模式，民眾五家編為「一伍」，十家編為「一什」，彼此間相互監視，揭發犯罪。鄰居犯罪，你若隱瞞不報，也要跟著連坐受罰。商鞅還創立了身分文書制度，類似今天的身分證[4]。沒有身分證明，禁止外出和住店，民眾的流動受到了嚴格管控。

商鞅變法的終極目標是為戰爭服務，所以還需動員民眾踴躍參軍。為此，商鞅廢除了貴族特權，取而代之的是二十等軍功爵制度。士兵每殺一個敵人，就能獲得一級爵

3 所謂阡陌，指的是井田制之下田與田之間用於劃界的小道，縱向為「阡」，橫向為「陌」。「開阡陌」，就是毀掉井田的疆界，等於廢除了井田制。

4 秦國的身分文書名為「照身帖」。相傳，這種照身帖由一塊打磨光滑的竹板製成，上面刻著持有人的頭像及籍貫資訊。秦國人必須持有照身帖，如若沒有便會被認定是黑戶或者外籍非法逗留人士。商鞅還規定：民眾出行或者投宿旅店時必須攜帶照身帖，否則關口不可放行，旅店老闆亦不得留宿，違者嚴懲。照身帖可視為中國最早的身分證。後來，商鞅因自己的規定作繭自縛。商鞅因變法得罪了很多人，在其支持者秦孝公死後，那些憎恨商鞅的人要反撲報復，商鞅果斷跑路。然而，因為照身帖的問題，商鞅跑路失敗，最終被處死。

位。殺敵的證明方法，是割下敵人的耳朵帶回來。每獲得一等爵位，可得到相應的田宅和奴婢。這種獎勵機制極具誘惑力，民眾透過殺敵便可獲得爵位，有了改變命運的途徑。軍功爵制度實行後，秦國百姓日常聊天都會聊與戰爭相關的話題。別國百姓聽說要打仗了，便會唉聲嘆氣，怕上戰場送命；而秦國百姓聽說要打仗了，就像是聽到了發財的機會，一個個興奮無比，拍手慶賀，彼此相約上戰場搶人頭。搶到了人頭，就是搶到了功名利祿。戰場上的秦軍士兵，看見敵人就會兩眼放光，如同虎狼，人送綽號「虎狼之師」。

商鞅變法將秦國改造成一個巨大的戰爭機器，全體臣民皆是零組件。有學者統計，秦國當時能夠動員人口的百分之八到百分之二十參加戰爭，西方同時期的羅馬共和國，僅能動員到百分之一。商鞅變法的成功，徹底改變了秦國，為秦國的崛起和後來統一六國奠定了基礎。商鞅變法能夠在秦國取得成功，還在於其變法內容很符合秦國質樸的社會風氣。秦國地處西北，遠離禮樂文化的薰陶。這樣的國民很容易被改造成無腦的戰爭機器，可以最大限度地剝離獨立人格和道義精神，商鞅變法和秦國的國民性格，可謂「珠聯璧合」。

商鞅變法還開創了一種新的國家治理模式，表面稱法治，實際上卻是人治，是君主「一人治」，即君主專制。商鞅變法前，諸侯國盛行「多人治」模式。天子由諸侯分權，諸侯由卿大夫分權。商鞅變法後，「一人治」取代「多人治」，這種模式被稱為「君主專制主義中央集權制」，它成為後世中國王朝政治的主流模式。實際上，「多人治」和「一人治」各有利弊。「多人治」可以集思廣益，有效防止一人失誤而貽害天下；但它容易造成政治分權，不利於動員全國力量。「一人治」可以集中力量辦大事，但也容易集中力量辦錯事，甚至是辦壞事。商鞅變法之後，「一人治」在中國不斷強化，明清時期達到頂峰。王朝興衰和蒼生福祉，全繫於君主一人之手。可謂興也「一人治」，衰也「一人治」。

21 戰國的局勢

連橫合縱鬥百年 長平之戰到終場

在戰國時代的生死競速中，秦國實現了「彎道超車」。商鞅變法後，秦國迅速崛起，成了最強大的國家。面對錯綜變化的時局，各國不斷調整外交策略。一會兒合縱，一會兒連橫，縱橫間，七雄死磕了二百多年。總體來看，戰國時期的局勢可分為三個階段：魏國「一超多強」；齊、秦「兩極格局」；秦國一家獨大。

戰國初期，最先崛起的是三晉（趙國、魏國、韓國）中的魏國。魏國地處中原腹地，經濟富庶，人口眾多，又有李悝率先實行變法，崛起也在意料之中。由於地理位置很「中原」，這讓魏國便於四面出擊。魏國南下伐楚，奪取了楚國的中原領土。然後又北上攻趙，西元前三五四年，龐涓率魏軍圍困趙國都城邯鄲，企圖一舉滅趙。趙國向另一個強國齊國求救，然而齊國並未立即出兵支援，而是想坐山觀虎鬥，再伺機出手。邯鄲被圍一年後，即將破城。這時，齊國才派出以田忌為大將、孫臏為軍師的援趙部隊。孫臏和龐涓本是同學，都曾求學於鬼谷子門下。孫臏的能力在龐涓之上，被嫉賢妒能的龐涓所陷害，膝蓋骨被剔除。冤家路窄，兩個老同學之間的衝突，此時演變為兩個國家間的戰爭。孫臏的確技高一籌，他採取避實擊虛的戰略，沒有直接去解救邯鄲之圍，而是利用魏國本土空虛之機，出其不意地攻打魏國都城大梁，這一策略被兵法稱為「圍魏救趙」。龐涓見都城被圍，立即率軍回防，途中在桂陵遭到齊軍伏擊，魏軍慘敗。

十餘年後，恢復了實力的魏國，又發起了對韓國的進攻。韓國也向齊國求救，孫臏如法炮製，又來了個「圍魏救韓」。這次魏國派了十萬大軍，想要一雪前恥。為了誘敵深入，孫臏選擇示弱後撤。撤退途中，他下令逐日減少做飯用的灶坑數量，使龐涓誤以為齊軍正四散逃亡。龐涓再次上當，率軍日夜追趕，輕敵冒進，最後在馬陵被齊軍設伏圍殲。馬陵之戰，龐涓自殺，魏太子被俘，魏國受到了重創。禍不單行，西方的秦國經過商鞅變法後在此時崛起，也加入了攻魏的陣營。地處中原的核心位置，既是魏國的優勢，也是魏國的劣勢。在周遭群起而攻之的窘境下，魏國再也堅挺不起來了。

魏國衰落後，齊、秦兩國取而代之，戰國形成「兩極格局」。兩國一東一西，國君彼此稱「東帝」「西帝」。夾在中間的趙、魏、韓三國，處境很尷尬。有時候，三國會聯合起來抵抗其中一強，是為「合縱」，因三國地域南北縱向分布而得名；有時候，三國中的一國又會與其中一強組成橫向的聯盟，攻擊其他弱國，稱「連橫」。北方的燕國與南方的楚國，有時候也會加入合縱與連橫的活動。「縱橫」一詞，便來源於此時的外交關係。在複雜的局勢中，各國湧現了一批專職外交的辯士，他們穿梭於七雄之間，宣傳各種外交策略，被稱為「縱橫家」。代表性的有鼓吹合縱的蘇秦，還有宣揚連橫的張儀。合縱一度取得巨大成果，蘇秦曾同時佩戴六國相印，協調東方六國抗秦，使秦國十五年沒法出函谷關東擴。

秦國轉而向南發展，滅掉了蜀國和巴國，吞併成都平原，並在這裡設置蜀郡。不久，蜀郡太守李冰修建了都江堰[1]，將成都平原改造成了「天府之國」，它為秦國提供了雄厚的物資保障。相比而言，合縱主要針對的是秦國，齊國也曾參與合縱抗秦。可合縱的各國總是同床異夢，心懷鬼胎。西元前二八六年，齊國滅宋，引發眾怒。兩年後，燕、秦、韓、趙、魏五國聯軍攻齊，一度攻陷齊都臨淄，齊國從此一蹶不振。齊、秦「兩極格局」隨之結束，戰國的歷史進入了秦國一家獨大的最後階段。

戰國後期，唯一能與秦國抗衡的，是新近崛起的趙國。趙國地處北方邊境，與游牧民族為鄰。游牧民族特有的騎兵部隊的戰鬥力和機動性俱佳，這讓趙武靈王大受震撼。於是，趙國推行了「胡服騎射」的軍事改革，組建了強大的騎兵部隊。軍事上堅挺起來的趙國，成為秦國統一道路上的最後一塊絆腳石。西元前二六二年，秦、趙之間爆發長平之戰，這是秦國統一天下的戰略性決戰。

長平之戰初期，趙軍主帥是老將廉頗。廉頗老謀深算，他深知趙軍不能和秦軍硬碰硬，便採取嚴防死守的戰術。他築壘固守，龜縮於陣地，成功牽制了秦軍，雙方陷入消耗戰。秦國補給不便，不想和廉頗這個「老烏龜」耗下去，便使用了反間計。秦國派奸細去趙國散布謠言，說廉頗要投降了，還說秦軍最怕的是趙國的大將趙括。趙國果然中計，換下廉頗，改派只會紙上談兵的趙括為主帥。秦軍則祕密地換白起為主帥，他因曾大量殲滅敵軍而聞名，綽號「人屠」。據近代學者梁啟超考證，整個戰國時期，各國共戰死了大概二百萬人，其中有一半是白起指揮殲滅的。趙括到達前線後，貿然出擊，被秦軍合圍。為了全殲趙軍，秦國將長平附近十五歲以上的男子全部征上戰場，並給他們都加封一級爵位以鼓舞士氣。最終，四十多萬趙軍投降。白起下令，將趙軍俘虜全部活埋坑殺，僅放了二百四十名童子兵回國報喪。聞此噩耗，趙國舉國震動，幾乎家家掛孝，處處哀號。

長平之戰結束後，秦國統一天下只是時間問題。戰後第二年，在趙國都城邯鄲，身為質子的秦國公子異人，有了一個兒子。這便是後來橫掃六合而一統天下的嬴政。

---

1 都江堰是中國古代建設並使用至今的大型水利工程，由戰國時期秦國蜀郡太守李冰於西元前二五六年前後主持始建。經過歷代整修，二千二百多年來，都江堰依然發揮著巨大的作用。整個都江堰樞紐可分為渠首和灌溉水網兩大系統，其中渠首包括魚嘴（分水工程）、飛沙堰（分洪排沙工程）、寶瓶口（引水工程）三大主體工程，此外還有內外金剛堤、人字堤及其他附屬建築。都江堰工程以引水灌溉為主，兼有防洪排沙、水運、城市供水等綜合效用，它所灌溉的成都平原有著「天府之國」的美譽。

22 秦滅六國

掃六合大秦一統　成帝業戰國曲終

春秋戰國時期，列國混戰數百年，令民眾疲憊不堪。各國民眾十分渴望和平與穩定，不想再打仗了。隨著鐵器和牛耕的推廣，生產力進一步發展，這使各地區的經濟交流更加密切。國與國之間的隔閡在淡化，「天下一家」的觀念逐漸形成。諸子百家中，儒家探討的「仁愛」與「仁政」，並無國別之分；墨家提出的「兼愛」，超越了國家和階級；法家所宣導的中央集權，也主張天下統一。這一切都說明：統一已經成為大勢所趨。那麼，由哪個國家來順應趨勢，最終完成統一呢？歷史選擇了秦國。

首先，秦國地理位置絕佳。它獨占西部的關中平原，沃野千里，是最早的「天府之國」。從關中到中原，中間有崤山天險做屏障，僅有一條狹長的崤函道可以進出，秦國在此處修建了函谷關以扼守。秦國「據殽函之固，擁雍州之地」，進可以席捲東方六國，退可以固守關中沃土。後來，秦國又南下征服巴蜀，修建都江堰，將成都平原改造成了新的「天府之國」，作為自己征服天下的後方基地。

其次，秦人擁有純樸、彪悍的國民性格，是天生的戰爭機器。秦國的文化水準落後於中原各國，秦人頭腦純樸、作風彪悍，更適合中央集權和國家軍事化體制。經過商鞅變法的改造，秦人個個都甘當國家的戰爭機器，造就了秦軍這支虎狼之師。在冷兵器時代，有時候勝負與否不看誰的文明程度更高，而看誰更野蠻。

最後，秦孝公以後的秦國歷代君王，都前仆後繼地推進統一大業，沒有出現一個昏庸無能之輩。他們廣納治國能人，發展農業經濟，集中全部力量搞軍事建設。統一的策略，秦國也運用得當。先瓦解了六國合縱，後期還確立了「遠交近攻」的正確策略。一切水到渠成後，秦國迎來了動盪的終結者——秦王嬴政。嬴政「奮六世之餘烈」，橫掃六國，最終實現了天下一統。

嬴政的父親是秦莊襄王，本名異人，後改名子楚。異人做公子時，被送到了趙國當質子。在趙國，異人結識了一個叫呂不韋的富商。呂不韋認為異人很有政治潛力，就像一件奇貨，如果囤積起來，將來可獲取暴利，這便是成語「奇貨可居」的出處。於是，呂不韋就像天使投資人一樣，出重金為異人在秦國搞政治活動，協助他今後繼承秦王之位。呂不韋還將自己一個擅長跳舞的姬妾送給了異人，此女就是趙姬。根據《史記》的記載，趙姬被送給異人之前，已經懷有身孕。和異人生活了十個月後，趙姬生下了一個男嬰，這個男嬰被取名為嬴政，也就是後來的秦始皇。所以，呂不韋有可能是嬴政的親生父親，但異人對此並不知情。後來，異人回國，成功繼位為秦王，呂不韋也被拜為相國。

異人在位僅三年便去世了，十三歲的嬴政繼位。嬴政尊稱呂不韋為「仲父」，也就是乾爹。呂不韋在掌權期間繼續推進秦國的統一事業。他模仿六國貴族養士的風氣，招納賓客三千，讓他們編纂出《呂氏春秋》一書。這部書融匯各家之所長，一改秦國單一的法家治國理念，吸取了部分儒家和道家的政治學說。實際上，呂不韋認識到了法家的不足，想為即將統一的秦國提供一套更合理的治國方案。但是，由於和趙姬的特殊關係，呂不韋沒能看到最後秦國的統一。隨著嬴政長大懂事，呂不韋斷絕了和趙姬的往來，為了不讓趙姬記恨，呂不韋將一個名為嫪毐的假太監送入宮中，讓他代替自己。嫪毐與太后私通，生下兩個孩子。後來，事情敗露，嫪毐被車裂而死，誅滅三族。呂不韋被嬴政流放，在流放途中自殺。「拚爹」成功後，嬴政掌握了全部大權，不久便開始了滅六國之戰。

嬴政先拿六國中最弱的韓國開刀，一戰就俘虜了韓王，於西元前二三〇年滅了韓國。次年，趙國遭遇大饑荒，秦軍趁機進攻趙國，趙國將領李牧率軍頑強抵抗。後來，秦國用反間計除掉李牧，攻入邯鄲，滅了趙國（李牧死，趙國亡）。西元前二二五年，秦國進攻魏國。魏國早有準備，在都城大梁修建了防禦工事，一次次擊退了秦軍的進攻。最後，秦軍引黃河水漫灌大梁，大梁城破，魏國亡。統一三晉之後，秦國又開始伐楚。楚國的實力遠強於三晉，因此秦國出動了六十萬大軍，傾盡全國力量滅楚。用了兩年時間，楚國於西元前二二三年滅亡。

趙國滅亡後，鄰近的燕國很慌。為了阻止嬴政的統一步伐，燕國太子丹派出勇士荊軻去刺殺嬴政，結果沒成功。秦軍隨即攻打燕國，攻下了燕國的都城薊，燕王逃到了遼東。此時，冬天到來，東北的嚴寒讓秦軍暫時放了殘燕一馬。滅楚後，秦軍立馬揮師北上，攻下了遼東，徹底滅了燕國。

在遠交近攻政策下，齊國一直是秦國籠絡的對象。末代齊王田建，天真地認為秦國哥們遠在西方，不會跟自己動真格的。田建在位四十多年，一直袖手旁觀，眼睜睜地看著其他五國被秦國所滅。西元前二二一年，終於輪到齊國了。直到此時，田建還相信著秦國的大糊弄策略。秦國使者來到齊國勸降，向田建承諾：只要投降，秦國可賜給田建五百里的封地，讓他繼續做封君。田建只好答應，因為他已經沒有說「不」的資格了。就這樣，秦國兵不血刃地滅了齊國，隨著齊的滅亡，秦滅掉了六國。西元前二二一年，秦最終實現了天下一統。

23 孔子

大成至聖孔夫子 仁者無敵愛無疆

西周時，貴族有「公、侯、伯、子、男」五等爵位。其中的「子」，在春秋時期演化成為一種稱謂，用來尊稱那些有知識、有學問的人，類似現在的先生或老師。先秦諸子中，對後世影響最深遠的是孔子。

孔子是春秋時期的魯國人，名丘，字仲尼。「仲」是古代兄弟間排序的代號，「伯、仲、叔、季」中，「仲」指老二；「尼」據說是因為孔子出生前，母親曾在尼丘山禱告而得名。孔子是殷商後裔，乃宋國國君微子啟的後代。孔子的父親是叔梁紇，為了躲避戰亂，他舉家遷到魯國。孔子三歲的時候，父親病逝，孔子和母親被趕出家門，來到曲阜，過著清貧的生活。多舛的命運並未阻礙孔子養成好學多思的品性。他自幼喜歡鑽研周禮，學習各種儀式的規範。小的時候，孔子經常和小朋友們玩cosplay（角色扮演），裝扮成典禮司儀，模擬主持各種儀式。春秋時期，熟知禮儀文化、能夠主持儀式的人，被稱為「儒」，被認為是知識豐富的人。孔子後來創立的學派，也被稱為儒家。孔子長大後，以博學聞名於世，開始招收門徒，傳授學問。

孔子在一生中有三個重要身分——偉大的思想家、成功的教育家、失落的政治家。孔子最重要的身分是思想家。他開創了儒家學派，其思想核心是「仁」。什麼是「仁」呢？首先心中要有愛，這是仁的本質。愛是一種來自內心、產生於情感的人性自覺。然後要愛人，所謂「仁者愛人」。

要善待他人，要盡力而為地幫助他人，所謂「己欲立而立人，己欲達而達人」。人與人相處，要互相理解，能夠換位思考，自己不喜歡的事，也不要強加於別人，所謂「己所不欲，勿施於人」。關於實現「仁」的途徑，孔子主張「克己復禮」。「克己」是指要用道德規範約束自己，加強自身修為；「復禮」，是指恢復周禮，讓大家都能在社會秩序中找到自己的位置，做自己分內的事。做到「克己復禮」，社會就自然會走向美好。孔子創造的儒家思想，經過後世學者的不斷改造，成為中國帝制時代的核心思想。

作為思想家的孔子，並非只專注於江山社稷、人性道德這些宏大的問題，對於日常生活中的小事，孔子也不吝嗇自己的思考。《詩經》中有首情詩寫道：「唐棣花，在風中翩翩搖擺。我的心上人，不是我不想你，而是你住得離我太遠。」[1] 孔子讀到這首情詩，呵呵一笑，然後評論道：「如果真的想念人家，那有什麼遙遠的呢？說明還是不夠

1　唐棣之華，偏其反而。豈不爾思，室是遠而。

想！」[2]這種吐槽，既指點了愛情迷津，也洞察了人性的真切。真實的孔子是食人間煙火、頗懂七情六欲的，並非一個刻板的老夫子。

孔子最為成功的身分是教育家。之前，學校都是官府開辦的，只有貴族和官宦子弟才有機會接受教育。孔子提出「有教無類」的教育理念，認為每個人都有受教育的權利，不能因貧富貴賤而區別對待。為此，孔子開辦私立學校，給予平民子弟接受教育的機會。孔子的學費也不算貴，十條乾肉（束脩）即可。如果家庭確實貧困，不交學費也能跟著孔子學習。這也是孔子在踐行「仁」的理念，因為幫助他人接受教育，就是幫助他人追求美好的人生。孔子的學生眾多，有「弟子三千，賢者七十二」的說法。孔子還提出了許多學習方法，比如學習要有實事求是的態度，「知之為知之」；比如要養成複習的習慣，「溫故而知新」；比如學習和思考要結合，「學而不思則罔，思而不學則殆」。即便以現代教育學的眼光來看，孔子的教育思想也是非常科學的。

孔子最為失落的身分是政治家。孔子主張知識分子要「入世」，即融入社會並改造社會，實現自己的理想與價值。孔子一生多次當官，小到倉庫管理員「委吏」，大到執掌司法的大臣「司寇」。他將「仁」的思想融入政治領域，提出了「仁政」學說，反對統治者過分剝削民眾，主張愛民、富民。他還要求君主做道德表率，這樣才會被民眾由衷擁護。然而，在那個無道的春秋時代，道德和仁愛太過於無力。孔子曾率領弟子周遊列國十三年，向各國統治者宣傳仁政，最終收效甚微。

儘管孔子沒有改變那個無道的時代，但他的精神卻永遠成了中華文明的一部分。孔子的偉大，在於他堅信人類可以透過人性自覺擺脫蒙昧野蠻，在於他呼籲用愛去構建一個美好的社會，這正是人類追求的價值觀——至真至善。一九五九年，英國哲學家伯特蘭・羅素（Bertrand Russell）接受採訪，被問及想對一千年後的人類說些什麼時，羅素說：「我想要說兩點，其一關乎智慧，其二關乎道德。有關智慧，我想要對他們說的是，不管你是在研究什麼事物，還是在思考任何觀點，只問你自己，事實是什麼，以及這些事實所證實的真理是什麼。永遠不要讓自己被自己所更願意相信的，或者認為人們相信了的會對社會更加有益的東西所影響。只是單單去審視，什麼才是事實。……關於道德，十分簡單，我要說，愛是明智的，恨是愚蠢的。」[3]

羅素的千年箴言，正是二千多年前孔子思想的核心觀點——「知之為知之」和「仁者愛人」。可見，無論古往今來、天地四方，人類都存在著共同的價值觀。

一個人的偉大，絕不在於他活著時受到萬民膜拜，而在於他離世千年後得到的歷史

2 未之思也，夫何遠之有？（《論語・子罕》）

3 出自一九五九年英國廣播公司（BBC）「Face to Face」節目對羅素的採訪。

評價。孔子死後被尊為聖人，即便千年後的王朝，其統治者也對孔子尊崇有加。元朝追封孔子為「大成至聖文宣王」。清朝時，皇帝南巡路過孔子墓，依舊要行跪拜大禮。因為孔子的思想代表著人性的至真至善，政權可以被征服，但人性的力量是無法被征服的。

24 百家爭鳴（上）

軸心時代有諸子　儒墨道法領百家

德國哲學家卡爾・雅斯佩斯（Karl Jaspers）提出了「軸心時代」理論，認為西元前八〇〇年～西元前二〇〇年是人類文明的「軸心時代」。這六百年間，各大文明都湧現了偉大的思想家，他們的思想理論塑造了不同的文明類型，成為後世文明發展的精神基調。在古希臘，有蘇格拉底、柏拉圖、亞里斯多德；在以色列，有猶太教的先知；在古印度，有釋迦牟尼；在中國，軸心時代則出現了諸子百家。

諸子即諸位老師，他們都是超一流的思想家，具有代表性的有孔子、老子、墨子、孟子、荀子、莊子、韓非子等。諸位老師著書立說，廣收門徒，創立了諸多思想學派，統稱為「百家」。諸多學派思想交流碰撞，在戰國時期形成了百家爭鳴的局面。

那麼，為什麼春秋戰國時期會出現這麼多思想家呢？首先，人類學家認為軸心時代的出現源於農業的發展，人們只有吃飽了，才能去思考更高層次的問題。春秋戰國時期，鐵器和牛耕出現並得到推廣，農業出現了革命性發展；生產力水準的提高，加速了社會關係和思想觀念的變化。其次，這一時期列國林立，政治環境相對寬鬆，有利於言論自由和思想創新，多元思想能夠在此時百花齊放。最後，士階層的出現也推動了思想和學術的發展。孔子之後，民間教育發展迅速，使過去由貴族壟斷的學術文化流傳到社會下層，民間出現了大量知識分子，他們被稱為「士」[1]，諸子就屬於士階層。面對時代的劇變，士階層要麼宣揚學說，要麼參與國家治理，要麼遊說外交，這些都促進了百家爭鳴局面的出現。

百家爭鳴中的「百家」只是個概數，實際上沒有那麼多學派。《漢書‧藝文志》認為：

其可觀者九家而已。

這「九家」指的是儒家、墨家、道家、名家、法家、陰陽家、農家、縱橫家、雜家。九家也被稱為「九流」，即後世「三教九流」這一說法的來源。九家之中，影響最大的是儒、墨、道、法四家。

儒家的創始人是春秋時期的孔子。他的核心思想是「仁」和「禮」，前者宣導仁愛，後者強調秩序。到了戰國時期，儒家發展出若干分支，以孟子和荀子兩大宗派為代表。孟子更強調仁愛，荀子更加強調遵守秩序。

孟子著重發展了孔子「仁」的學說，他肯定人性是善的，提出「性善論」。孟子認為，人出生就有仁、義、禮、智四種「善端」，人的修養目標就是要將「善端」發揚光大，形成天地間的「浩然正氣」。在政治上，孟子發展了孔子的「仁政」學說，提出了「民為貴，社稷次之，君為輕」的理論。「民」是指民權，「社稷」是指政府權力，「君」是指君權。在孟子看來，民權高於政府權力且高於君權。孟子還認為，如果君主犯了重大過錯，民眾就有權推翻他。也就是說，君主的權力建立在執政為民的基礎上，這是一種社會契約。這種帶有民本主義傾向的觀點，與近代西方的「主權在民」學說頗為相似。孟子被後世的儒家學者尊為「亞聖」，地位僅次於孔子，其思想也被看作儒家正統。

荀子不強調「仁」，而強調實現仁的途徑——「禮」。與孟子的性善論不同，荀子認為人性本惡，提出「性惡論」。荀子主張「禮法並用」，既要用禮制教化人，又要用刑罰管束人，把人從性惡轉化為性善；人人恪守己位，懾於刑罰，天下才會太平。另外，荀子還認為人定勝天，提出「制天命而用之」的天道觀。由於荀子過於強調民眾服從，「性惡論」也有悖於孔子「仁」的思想，所以招來了後世正統儒家學者的非議。但是，後世的君主卻比較喜歡他的理論。他還培養出了兩位法家弟子，即韓非子和李斯。

墨家的創始人是墨子，他為底層民眾代言，主張「兼愛」。「兼愛」與儒家的「仁愛」

1「士」原指低級貴族；春秋末年以後，「士」成為知識分子的代稱。

異曲同工，又存在差異。儒家的愛，從社會現實的角度出發，有身分地位之別，建立在血緣基礎上，是一種有差別的愛，比如愛父親和愛路人肯定是不一樣的。而墨家的愛，超越身分和地位，主張無差別的愛，愛父親和愛路人是一樣的，帶著理想主義。墨家還主張「非攻」，反對兼併戰爭，經常支援小國抵禦大國的進攻。墨家還關注日常生活中的科學技術，在數學、物理學、機械製造等領域都有傑出貢獻。

在墨家的經典《墨子》一書中，記載了這樣一個故事：強大的楚國要攻打宋國，墨子得知後趕往楚國制止楚王，走了十天十夜，腳都磨破了。當時楚國有公輸班的幫忙，製造了攻城用的雲梯，這個公輸班就是魯班，他擅長做木匠活。墨子和公輸班當著楚王的面，用模型演示攻城和防守，公輸班的各種攻城戰法都被墨子破解了。墨子還說，自己的三百弟子已經用他的守城方法去支援宋國了。楚王見這場戰爭沒有勝算，就放棄了攻宋的計畫。可見，墨家不僅「兼愛」，還很有「路見不平，拔刀相助」的俠義精神，甚至還有自己的社團組織。墨家扶助弱小的信念，反映了底層民眾的呼聲。

在戰國時代，墨家是僅次於儒家的顯學，時人稱「非儒即墨」。然而，墨家思想代表的是缺乏話語權的底層民眾，而且內容又過於理想主義，甚至有些脫離實際。漢朝以後，墨家趨於絕跡。

25 百家爭鳴（下）

法家學說鑄秦制　諸子百家照萬代

諸子百家中，要數道家思想最為超然灑脫。道家的創始人是春秋時期的老子，一個很神祕的人物。相傳，老子曾與孔子相見，孔子還向他請教學問，向他感嘆春秋亂世的無道。老子卻勸告孔子不要瞎操心，多看看春水東流，上善若水，順其自然。許多年以後，老子騎著青牛消失於茫茫人海，不知所終。老子太過神祕，後人對他的瞭解多見於《老子》一書，此書又名《道德經》。老子創立的道家學說認為，宇宙萬物有其自身的發展規律，這個規律叫作「道」。「道」無處不在，超越時間和空間，是永恆的存在。人改變不了「道」，所以要順應「道」，政治上要「無為而治」，要「小國寡民」，要讓民眾無知無欲，與世無爭就會天下太平。道家還有辯證法思想，認為世間萬物皆有其對立面，對立面可以互相轉化，因此要從正反兩個方面去辯證地看問題。

到了戰國時期，莊子進一步發展道家思想，因此道家學說又被稱為「老莊哲學」。莊子更加超然灑脫，他反對社會進步，認為不能以人為去破壞自然，要讓人恢復到最本真的自然屬性。道家「無為而治」的理論，很適宜社會動亂後的休養生息，漢朝「文景之治」時就踐行了「無為而治」的思想。

接下來說一下法家思想。這是一種關於中央集權、君主專制、官僚政治的理論學說。法家提倡以法治國，主張君主集權的鐵腕政策，以富國強兵為第一要務。在樹立法律的權威方面，法家學說有較大的進步意義。需要說明的是，法家的「法治」與近代的「法治」不是一回事。近代的「法治」透過科學立法和法律精神來維護公民權益，最終實現社會的公平正義；而法家的「法治」，則是君主專制下的一種治國手段，是統治者駕馭民眾的一種方式，其根本目標是維護統治者的利益。

法家思想主張君主掌握絕對的權力，為了實現這一目標，提倡用嚴刑峻法來管控民眾。法家思想在許多地方與儒家是對立的。儒家重視人性的善，法家利用人性的惡。儒家主張教化民眾，認為知書方能達理；法家主張愚民政策，認為傻傻的民眾最好管。儒家認為民眾應該有一定的財產，所謂「倉廩實而知禮節」；法家認為民眾富足、安逸了就不好管了，必須讓民眾疲於謀生。儒家宣導相親相愛，母慈子孝，兄友弟恭；法家則講究鬥爭哲學，親人之間也要相互算計，不能完全信任。法家思想的集大成者是戰國的韓非子，他講過這樣一個道理：君王喜歡年輕貌美的妃嬪，卻只有一人能成為王后，只有王后的兒子能被立為太子。可是女人的黃金年齡也就十年左右，王后過了這個年齡年老色衰後，君王很有可能另尋新歡，王后和太子的地位就會不保。所以，對王后和太子來說，最好的自保方式就是殺掉君王。這樣，太子就能立即上位，王后也不用再恐懼自己會失寵。

透過韓非子的邏輯可以看出，法家是赤裸裸的利己主義，它看透並善於利用人性的陰暗面。法家的另一代表人物商鞅，在《商君書》中也有類似的邏輯。書中，他將管控民眾的辦法闡述為「馭民五術」。首先是「壹民」，就是統一民眾的思想，對其洗腦。其次是「弱民」，「民強國弱，民弱國強」，弱小的民眾才好管，治國之道，務在弱民。再次是「疲民」，要讓百姓疲於奔命，讓他們沒時間去思考和關注社會的不公。復次是「辱民」，要用各種嚴刑峻法來懲誡民眾，打壓民眾的自尊，使其徹底匍匐於威權之下，不敢反抗。最後還要「貧民」，剝奪民眾除生存之必需品外的富餘財產，人窮則志短，就不會去追求公平與正義。

雖然法家的思想殘酷而極端，但對專制君主來說，它的確很奏效。春秋戰國時期，法家思想受到各國君主的重用。當時的變法，多由法家的人物來主持，如管仲、李悝、商鞅等。戰國七雄中，將法家思想運用得淋漓盡致的是秦國。依靠法家思想，秦國被改造成高效的戰爭機器，最終完成了統一。法家所設計的社會制度，也因秦的統一而影響了後世兩千年，即秦制。

諸子百家的思想博大精深，又形成於中華文明的孩童時代，因而深刻影響了我們的民族性格與思維模式。在當下的生活中，面對同一問題，不同的人會有不同的思考，從而會產生不同的解決方法。其實，這些思考和方法，都能在諸子百家的學說中找到本初的影子。打個比方，對於學生沒寫作業這樣的小事，各思想學派會有不同的應對方法。

儒家：要愛學生，多跟學生講道理，讓他們認識到「溫故而知新」。這樣，他們就會自覺完成作業了。

法家：不寫作業就罰抄十遍，再不寫就找家長來陪讀。還不寫，直接開除。

道家：不寫就不寫吧，看淡一點，學生總有一天會想明白的。

墨家：是不是老師留的作業太多了？學生也很累，應該落實「雙減」政策，我們為學生代言！

這些解決方法，你喜歡哪一種呢？

26 青銅器

文明肇始夏商周 九個青銅是王者

青銅器的出現，是判斷人類社會進入文明階段的關鍵標誌。在中國，青銅器的意義更為廣泛而重大。它不僅標誌著生產力的進步，還是禮樂制度的物質載體，同時還具有極高的史料價值。

青銅是一種合金，主要由銅、錫、鉛組成，其中銅的含量占百分之八十左右。銅錫合金是金黃色的，所以青銅器剛鑄造出來也是金黃色的，閃閃發光；我們後人看到的青銅器之所以呈青綠色，是因為古代青銅器多是從地下出土的，出土時表面已經高度氧化，伴有銅鏽。銅鏽呈青綠色，所以今人稱之為青銅器。

青銅器伴隨著人類文明的進步而出現。進入農業社會後，粗笨的石器工具已經跟不上時代發展的步伐，人類需要更輕便、更結實的金屬工具。人類最早接觸的金屬中，適合人類加工使用的是銅。一是因為銅在自然界中比較多，二是因為銅較為堅硬。更重要的是，銅的熔點只有一〇八四．六二攝氏度，比鐵低了近五百攝氏度，在生產中更容易達到這個溫度。冶銅技術的發明可能也是人類的一個意外收穫，人類在燒製陶器的時候，偶然用銅礦石做支撐物，意外冶煉出了金屬銅。後來，人們又在煉銅時加入錫和鉛。加錫，可提高合金的硬度和光澤，還能將熔點降低到七百到九百攝氏度；加鉛，可以讓合金液體更流暢，更容易鑄造、塑形。

考古研究發現，人類最早的青銅冶煉技術誕生於約六千年前的中東地區，就是今天的伊朗、土耳其、伊拉克一帶。本世紀初，中國啟動了「中華文明探源工程」[1]。它的研究表明，中國的青銅冶煉技術也是由中東傳入的。該技術傳入中國後，很快便被中華文明吸收和整合。約四千年前，中國進入青銅時代。中國的青銅文明始於夏朝，鼎盛於商周時期，貫串了整個先秦時期，持續了一千多年。中國古代的青銅器，器型各異，用途廣泛。根據功用的不同，可將其劃分為六大類。

第一類是食器，具體又分三種。第一種是烹飪食物的烹煮器。比如鼎和鬲[2]，相當於今天的大鍋。第二種是盛放食物的盛食器。比如簋，主要盛放穀物主食，相當於今天的飯盆。北京有一條著名的小吃街，名叫簋街，翻譯過來就是「飯盆街」，這個名字頗有底蘊。第三種是挹取器，相當於餐具。比如匕，是餐刀和勺子[3]的結合體。

第二類是酒器，是用來喝酒的。酒器具體又分為很多種，比如爵和角，都是飲酒器，前者更高級，多被貴族使用；斝是溫酒器，用來燙酒；尊是盛酒器，相當於酒罈子。

第三類是水器，是飯前和祭祀前用來洗手的裝水器皿，也稱盥器。比如盤和匜，二者經常搭配使用，匜裝滿水後往盤裡倒，利用流水，人們就可以洗手。可知，匜相當於水壺，盤相當於水盆。

第四類是樂器，在周朝的禮樂制度中扮演著重要角色。主要有鐘、鐃、鎛、鉦、鐸等。大小和形狀不同的鐘，可以發出不同的音調，古人將若干個不同的鐘組合在一起，就形成了編鐘，可以敲打出美妙的樂曲。著名的戰國曾侯乙編鐘，總共有六十四件鐘和一件鎛。

第五類是雜器，其他各種用途的青銅器都可歸為此類。比如燈具、香爐、銅鏡、帶鉤、璽印、貨幣等。農具也可歸入此類，但古代的青銅器主要被貴族使用，極少會用來做農具。

第六類是兵器，比如青銅材質的戈、劍、矛、鉞等。先秦時期，青銅器非常貴重，

---

1 「中華文明探源工程」是以考古調查發掘為獲取相關資料的主要手段，以現代科學技術為支撐，採取多學科交叉研究的方式來揭示中華民族五千年文明起源與早期發展的重大科研專案。這一項目從二〇〇一年預研究啟動，到二〇一六年已完成四期結項。

2 鼎和鬲的區別：鼎的足是實心的，鬲的足是空心的。使用鬲更能節省柴火。

3 中國古人最早也是用刀叉和勺子吃飯的，像今天吃西餐那樣。後來，由於貴族的食物更加精細，不再需要用刀叉來分割大塊食物，才改用筷子夾小塊食物進餐。

是使用者身分和地位的象徵。在周朝的禮樂制度下，青銅器不僅是貴族日常生活用器，還是重要的禮器，體現著禮制。禮制的核心是等級差異，不同等級的人能夠使用的青銅器類型和數量有著嚴格的規定。比如鼎，按照周禮，天子要用九鼎，輔以八簋。九個鼎裡分別盛放牛、羊、乳豬等九種菜品，八個簋裡放不同的糧食。別管天子是否吃得下，關鍵是排場。諸侯可用七鼎六簋，卿大夫則用五鼎四簋，到了士這一級別，僅用三鼎或一鼎。因為九鼎是天子的禮制，所以「九鼎」也成了天子的代名詞。用鼎的數量，在西周是不可僭越的，但是到了禮崩樂壞的東周時期，諸侯都敢用九鼎了，楚莊王甚至敢問周王室用多少個鼎以彰顯取而代之的野心。

部分青銅器上面鑄有銘文，又稱為「金文」「鐘鼎文」，銘文的存在使得青銅器還具有極高的史料價值。商朝青銅器的銘文較少，一般只有家族名號。到了周朝，青銅器上的銘文多了起來。目前已知的青銅器中，銘文最多的是西周時期的毛公鼎，上面有近五百個字。青銅器的銘文多記錄該件青銅器的鑄造緣由，其中會涉及重大歷史事件。西周早期的青銅利簋，上面的銘文記載了一個叫利的貴族參與了武王伐紂之戰，武王論功行賞，賜給了利很多銅料，利就用這些銅料鑄造了利簋以示紀念。銘文中還記載了牧野之戰時「歲星（木星）正當中天」，天文學家根據這一天象記錄，推算出牧野之戰的時間為西元前一〇四六年，這直接為商、周兩朝的斷代提供了證據。

本篇講述秦朝與漢朝的歷史，時間跨度為四百餘年。

西元前二二一年，秦始皇統一六國，建立了中國歷史上第一個統一的多民族國家。為了維護統一，秦始皇建立了一套專制主義中央集權的國家體制，以皇帝制、三公九卿制、郡縣制為主要內容。為了鞏固政權，秦始皇還開啟了一系列戰爭與工程，這讓民眾深受其苦。秦始皇死後，秦朝政權被農民起義顛覆，項羽和劉邦進行了四年的楚漢之爭。最後，劉邦勝利，建立了漢朝。漢朝分為前後兩段，前段稱西漢，後段稱東漢。

漢承秦制，但並非延續秦朝嚴苛的治國政策。漢初推行了以黃老學說為指導的「休養生息」政策，社會經濟逐漸恢復，出現了「文景之治」的繁榮局面。漢武帝親政後，推行大一統政策，實現了對政治、經濟、文化的全面控制。在邊疆政策方面，漢武帝四面出擊，擴大了漢朝的疆域。但是，漢武帝的大一統也讓民眾苦不堪言。漢武帝死後，霍光調整了治國政策，漢朝重回守文路線，民力漸漸恢復。西漢末期，外戚王莽篡漢。王莽不切實際的復古改制，引發了農民起義。不久，漢朝宗室劉秀重建漢朝，史稱東漢。東漢長期處於外戚與宦官交替專權的局面中，政局動盪。東漢末年，爆發了黃巾起義。各地軍閥趁勢而起，割據一方，東漢名存實亡。

秦漢時期是統一多民族國家的建立與鞏固時期，是中華文明朝氣蓬勃的少年時代。

秦漢篇

27 秦制

周秦之變大統一 中央集權秦始皇

西元前二二一年，隨著齊國不戰而降的消息傳回咸陽，秦國上下一片歡呼——天下統一了！歷史的光芒在此刻照亮了咸陽的大殿，照在了秦王嬴政的臉上。三十八歲的嬴政坐在那裡，腦海裡像放電影一般，閃過一個又一個影子。他看見了秦孝公，那個因「諸侯鄙秦」而悲憤雄起的先君；他看見了商鞅，那個為秦國崛起而作法自斃的改革家；他看見了白起，那個消滅了百萬敵軍的「人屠」將軍；他還看見了呂不韋，為秦國統一助最後一臂之力的「仲父」。感嘆之餘，嬴政深知天下統一來之不易，更清楚維繫這個龐大帝國將會是一個更大的挑戰。

首先，嬴政要給自己確立一個新的名號。「王」這個名號已經爛大街了，不足以彰顯自己的蓋世功勞和大秦帝國的千秋功業。大臣們經過認真研究，統一了意見：上古有三皇五帝，三皇地位更高，三皇中，又以泰皇最尊貴，建議嬴政今後改稱「泰皇」，也就是「秦泰皇」。嬴政對這個名號不太滿意，他不想要別人用過的二手貨，而是要前無古人。最後，嬴政自己拍板決定：去「泰」留「皇」，再加上五帝的「帝」，今後稱「皇帝」。

就這樣，皇帝的名號誕生了。皇帝不僅是名號，也是一個制度。在這個制度下，皇帝擁有至高無上的地位和定於一尊的權力。為了體現皇帝的地位，嬴政還廢除了謚號制度。所謂謚號，是指在君王死後，臣下根據其一生功過而議定的評價性文字，發揮蓋棺論定的作用。嬴政認為謚號的存在會讓臣子妄議君王，是大逆不道的。所以，嬴政自稱「始皇帝」，下令後代只稱「二世、三世」，直到千世萬世，不再用謚號稱呼。就這樣，嬴政成為秦始皇，並將一些詞定為皇帝專用的。比如「朕」字，在先秦時期只是普通的第一人稱「我」，誰都可以用，從秦始皇開始，「朕」只能是皇帝自稱。此外，皇帝的命令專稱「制」和「詔」，皇帝的印章專稱「璽」。

皇帝之下，是一整套官僚系統。先秦時期，官職多由貴族世襲，稱為世卿世祿制[1]，秦始皇沒有選擇這一制度，而是建立了新的官僚制度，由朝廷擇優任用職業官員，隨時任免。官員接受國家的俸祿，對朝廷負責，執行朝廷的政令。在中央，秦朝設置了三公九卿。「三公」是丞相、太尉、御史大夫，乃級別最高的政府官員。丞相輔佐皇帝處理全國政務，是「百官之長」，相當於行政院長。先秦時期，丞相擁有軍權，可以率

1 古代的選官制度。「世卿」指天子或諸侯之下的貴族世世代代父死子繼，連任卿這樣的高官。祿是官吏所得的財物；世祿就是官吏世世代代父死子繼，享有所封的土地及其賦稅收入。世襲卿位和祿田的制度在古代曾十分流行。

軍出征。為了限制丞相的權力，秦朝將丞相的軍權分割給太尉[2]，但太尉只是一個掛名的虛職，實際上軍權還是由皇帝親手把持。御史大夫相當於「副丞相」，雖然地位低於丞相，卻掌握著一些丞相沒有的權力，比如監察百官和審閱地方奏章，設立的目的是牽制丞相。

三公之下，是隸屬於丞相的九卿。九卿的「九」是個概數，實際數量不止九個。九卿中最有實權的是廷尉，掌管刑獄和司法。秦朝重法治，廷尉的地位與三公不相上下。郎中令這一職務也很重要，掌管皇帝的警衛。九卿中還有一些官員是皇帝的私人服務專員，如太僕是皇家車隊的負責人，少府掌管皇室收入和官營手工業，這體現了帝制時代的官制有著濃厚的「家天下」色彩。九卿之外還設有博士一職，他們伴隨在皇帝左右，參與軍國大事的討論與決策，是皇帝身邊的智囊團。秦朝開創的三公九卿制度，極大地加強了君主專制主義中央集權，成為帝制時代中央官制的基礎。

在地方，秦朝沒有延續周朝的分封制，而是推行郡縣制。縣在周朝時就已出現，那時，有些地方既非諸侯領地，也非天子京畿。對於這種懸而未決的區域，天子會派臨時官員去管理，稱為「懸之」，後來逐漸演化為「縣」。縣的好處是直接聽命於中央，有利於加強中央集權。商鞅變法時開始在秦國推行縣制，如今天下統一，縣制便推廣至整個國家。秦朝的疆域空前擴大，全國有幾百個縣，如果直接全部統轄起來有些費力。於是，秦朝又在縣之上設立了郡，一個郡掌管若干縣。郡在先秦時期也已有之，主要設置在邊疆地區，作為軍事防守之地，長官因而稱「郡守」。秦初，全國設置了三十六個郡，後來又增加到四十多個郡。每個郡都設置有郡尉和郡監，分別負責軍事和監察。縣之上設有郡，縣之下則設有鄉，鄉之下還設有里，鄉、里是最基層的行政單位。另外，在縣之下還設有「亭」這一機構，專門負責治安。透過郡縣制，中央朝廷可將各項政令推行至全國，還可以有效地徵收地方賦稅，實現了中央對地方的嚴密控制。郡縣制開創了中國帝制時代地方行政的基本模式，其基本思路與形式影響至今。

秦朝透過各項制度，將國家打造成了一個金字塔。皇帝一人站在塔尖，至高無上；權力層層延伸，一直伸到基層的每個角落。這套制度被後世稱為專制主義中央集權制度，因開創於秦朝，故又稱秦制。這套制度經歷代王朝不斷完善，在中國沿用了二千多年。秦制改變了中國，改變了秦朝以前的社會結構，史家稱之為「周秦之變」。

2 秦朝的太尉只是虛設，甚至可能並沒有人擔任過此職。學界有觀點認為：三公九卿制度始於漢朝，而非秦朝。實際上，歷代王朝對最高軍權都十分重視，一般不會將其交與臣下長期把持。

28 秦的暴政

書同文後車同軌　暴政刑罰似虎狼

秦朝統一後，秦始皇在政治制度上花費不少心思，創立了秦制。在經濟、文化、交通、軍事等方面，秦始皇也採取了一系列措施來讓全國整齊劃一，鞏固統一的成果。

經濟方面，秦朝統一了貨幣。戰國時期，各國貨幣形制各異。齊國用刀幣，像一把小刀；趙、魏、韓三國使用布幣，形狀像一把小鏟子，也稱「鏟幣」；楚國的蟻鼻錢比較特別，像個小鬼臉，也稱「鬼臉錢」。秦始皇將這些形色各異的貨幣通通廢除，統一鑄造圓形方孔銅錢。秦朝的圓形方孔銅錢稱「秦半兩」[1]，它重半兩，貨幣表面還鑄有「半兩」二字。圓形方孔的形狀不僅代表古人「天圓地方」的宇宙觀，還很符合人體工程學——其輪廓很圓潤，隨身攜帶不易刮傷皮膚。中間方形的孔，可以用繩把錢穿成一串。後來，一千枚錢幣穿在一起，稱為「一緡」或「一貫」。這種圓形方孔錢的形制為後世王朝所沿用，稱為「制錢」，俗稱「銅錢」或「孔方兄」。歷代王朝都會鑄造制錢，只是名號不同，唐朝以後的制錢多以年號來命名。黃金在秦朝時也是貨幣，被稱為「上幣」，但一般人用不到。統一貨幣的同時，秦朝還統一了度量衡，即計量物體長度、容積、重量的量具的統稱。秦朝統一的一尺為二三．一公分。古人所說的「七尺男兒」，實際上身高只有一百六十二公分左右。貨幣與度量衡的統一，促進了統一國家的經濟交流與發展。

秦朝統一前，各國文字不一，推行朝廷政令不便利。秦始皇命李斯、趙高、胡毋敬對文字進行統一，制定出了標準文字——小篆。他們三個分別寫了《倉頡篇》《爰歷篇》《博學篇》三部標準字帖，頒行全國。小篆書寫起來比較麻煩，後來，在小篆的基礎上發展出了便於書寫的隸書，作為日常使用的字體在全國推廣。

交通方面，秦朝統一了車軌的寬度。古代的道路都是土路，時間長了會留下很深的車轍。如果車軌寬度不一，兩個車輪很難都卡進車轍，這樣趕路時就容易翻車。統一文字和車軌，被稱為「書同文，車同軌」。為了加強思想專制、管控言論，秦始皇還大搞焚書坑儒。西元前二一三年，他採納丞相李斯的建議，沒收民間除醫學、占卜、農業以外的書籍，然後全部燒毀。次年，秦始皇又因求仙被方士所騙，遷怒於批評時政的儒生。一怒之下，秦始皇下令坑殺了四百多個方士和儒生。焚書坑儒，體現了秦朝極端的文化

1　秦制半兩合今七．八公克，然而實際出土的秦半兩銅錢多在二～四公克。這可能是因秦朝鑄幣不標準造成的。

專制政策。

秦始皇還熱衷於開疆拓土，秦朝的範圍遠超出了原來六國的疆域。在北方，他派大將蒙恬率軍三十萬打擊匈奴，奪回了「河南地」，即河套地區[2]。為防禦匈奴，秦朝將原來秦、燕、趙三國的北方邊牆連接起來，修築了萬里長城。在南方，秦始皇發兵五十萬，開拓東南沿海地區，征服了眾多越人，史稱「南伐百越」。秦軍一直打到了地處北回歸線以南的嶺南地區，在這裡，太陽光可從北面照進房子，秦朝稱此地為「北向戶」。秦朝的疆域東到大海，南達「北向戶」，西至臨洮（秦朝始置的古縣名。在今甘肅省中部，因臨洮水而得名），北抵長城，面積達到了約三百四十萬平方公里。秦朝以前的政權從未掌控如此大的疆域，也從未直接統治過如此多的邊疆地區。

秦始皇還是個「基建狂魔」，搞了許多超級工程。除長城外，他還下令修建了多條「高速公路」。最著名的是兩條從咸陽出發的馳道，東到燕齊，南達吳楚，馳道寬約六十九公尺，道路兩旁大概每隔七公尺栽一棵樹，頗為壯觀。還有一條防禦匈奴的軍事「高速公路」，稱「直道」，從中原直通河套地區，全長約七百公里。在河網密布的南方，秦朝大修運河。為了征伐百越，秦朝開通了三十多公里長的靈渠，溝通了長江和珠江兩大水系。秦始皇還搞了許多供他個人享樂的超級工程。滅六國時，每滅一國，秦軍的畫師都會將各國宮殿的模樣畫下來，然後回到咸陽仿建。在咸陽城外的上林苑，秦始皇大興土木，修建了著名的阿房宮。相傳，阿房宮綿延上百里，主宮殿可容納上萬人，不同位置的天氣都不一樣。直到秦始皇駕崩，阿房宮也沒有完工。不光活著的時候要享受，秦始皇死後也要保持帝王的待遇。古代帝王修建陵寢，一般從即位之日開始修，一直修到該帝王駕崩為止。嬴政十三歲即位為秦王，隨即開始在驪山修建他的陵墓，前後共修了近四十年。著名的秦兵馬俑坑，雖然只是秦始皇陵的陪葬坑，但其總體規模與奢華程度可見一斑。

連年對外征戰，興建眾多超級工程，財力、物力、人力的消耗帶來的沉重負擔，最後都要落在民眾的身上。史書記載，秦朝民眾承擔「泰半之賦」，即收入的一大半都要交給國家。比稅賦更恐怖的，是無休無止的徭役。秦朝的成年男子，每年要服一個月的更役，也就是在本郡縣給官府幹活。此外還要服遠赴他鄉的外徭，這個就不一定要多久了，可能路上就要耽擱幾個月。即便這樣，國家還會用各種殘酷的刑罰來「修理」不聽話的民眾。秦朝提倡「輕罪重刑」，以達到「民不敢犯」的目的。秦律中的死刑多種多樣，

2「河套」是黃河中上游兩岸的平原、高原地區。河套又分為兩個地理區域，以烏拉山為界，東為前套，西為後套，古稱「河曲之地」。在戰國時期，漢族與匈奴進入此地，此後河套成為漢族傳統聚居地之一。

其中磔刑和車裂會將罪犯肢解，殘忍而血腥。還有很多肉刑[3]，砍腳趾和割鼻子比較常見。一九七五年，湖北雲夢出土了睡虎地秦簡，上面記載的秦律，有十八種之多，足見秦律的繁雜與嚴苛。

在宏大的敘事視角下，後人多會讚歎秦朝統一的恢宏氣勢。如果將目光下移，去關注盛大氣象下的小民境遇，我們會發現：暴政之下的秦朝百姓，如螻蟻般苟活著。秦用法家思想，順應大勢，完成了國家統一。可統一之後的國家，依舊用法家的政策來壓榨百姓，這就是違背大勢的自掘墳墓之舉了。

3 亦稱「身體刑」，殘害犯罪人肉體的刑罰。中國古代的墨、劓、剕、宮以及笞、杖等刑罰都是肉刑。

29 大澤鄉起義

求仙煉丹得讖語 亡秦者也大澤鄉

秦始皇坐擁四海，位尊人極。然而，是人就會怕死。秦始皇非常渴望長生不老，因此身邊聚集了許多方士。所謂方士，是古代從事巫祝術數的人，聲稱能夠求訪神仙，還能煉製使人長生不老的仙丹，甚至還能預知未來。這些方士中，有兩個很有名，一個叫徐福，一個叫盧生。

徐福自稱能煉製長生不老的仙丹，秦始皇重金求藥，資助他搞「科學研究」，可煉到最後，徐福也沒煉出來。後來，徐福又說海中有蓬萊、方丈、瀛洲三座仙山，上面有神仙居住。秦始皇就派給他數千童男童女，還有可用三年的糧食、衣履、藥品和耕具等物資，讓他入海求仙。實際上，徐福是煉丹無果，沒法交差，準備跑路了。相傳，他帶人跑去了「平原廣澤」，在那裡自立為王，沒有再回秦朝。很多人說徐福去的地方就是日本，今天日本的和歌山縣還有徐福墓。

徐福跑路後，秦始皇又倚重盧生。盧生告訴秦始皇：求仙不成是因為有惡鬼從中作梗，想要避開惡鬼，就不能讓外人知道皇帝晚上住在何處。為此，秦始皇將咸陽城內的二百多座宮殿用空中廊橋連接起來，晚上通過廊橋去不同的宮殿居住，來無影，去無蹤。秦始皇讓盧生去求仙，結果也是無功而返。為了交差，盧生聲稱他在海中獲得了一條關乎秦帝國生死存亡的讖語[1]。這條讖語只有五個字：亡秦者，胡也。滅亡秦朝的人是「胡」，這個「胡」是誰呢？秦始皇很緊張，立即想到了北方胡人，即匈奴。不久後，他便派蒙恬北擊匈奴。可惜，這個讖語最後還是應驗了，秦朝真的因為「胡」滅亡了。但這個「胡」並非匈奴人，而是秦始皇的小兒子——胡亥。

秦始皇一生未立皇后，沒有皇后，也就沒有嫡長子可立為太子。諸多皇子中，秦始皇比較器重長子扶蘇。與秦始皇的鐵腕不同，扶蘇素有寬仁之心。焚書坑儒時，扶蘇上書勸諫，惹得秦始皇大怒，將他派往北方軍區去協助蒙恬抵禦匈奴。秦始皇這樣做，也是想讓扶蘇鍛煉一下，今後繼承皇位。可是，人算不如天算。西元前二一〇年，五十歲的秦始皇在東巡途中病重。彌留之際，他讓親信宦官趙高，下詔召扶蘇回咸陽，準備讓扶蘇繼位。沒幾天，秦始皇就在沙丘行宮駕崩了。直到這時，趙高也未將詔書發出。原來，趙高和蒙恬有個人恩怨，他擔心扶蘇繼位後會重用蒙恬，自己就該倒楣了。趙高想讓胡亥繼位，一是因為自己曾教過胡亥寫字，兩人關係比較好；二是因為胡亥愚鈍，比較好操控。胡亥此時也在隨駕東巡，趙高就把計畫告訴了胡亥，胡亥興奮無比。趙高又拉丞相李斯入夥，勸他說，扶蘇繼位後會讓蒙恬當丞相，到那時他就得靠邊站了。李斯被趙高說服，二人祕不發喪，還篡改遺詔，讓扶蘇和蒙恬自殺。

秦始皇的車隊拉著秦始皇的屍體迅速返回咸陽，為了掩蓋屍臭，趙高還讓人在車上放了一筐鮑魚以掩蓋屍臭。到達咸陽後，趙高公布了秦始皇的死訊。胡亥順利繼位，成為秦二世。趙高慫恿秦二世殺掉了兄弟姊妹二十多人，還以謀反的罪名將李斯腰斬，自己當起了丞相。為了鏟除異己，趙高還設計了一個「指鹿為馬」的計策，除掉了正直的大臣，徹底控制了朝政。秦二世的能力雖不及其父，但暴虐程度卻有過之而無不及。秦始皇活著的時候，老百姓就如螻蟻般苟活著，大家想造反，卻又不敢，畢竟秦始皇太厲害了。現在，面對鹿和馬都「分不清」的秦二世，老百姓彷彿在絕望中看到了希望。

此時，有一隊戍卒正在趕赴北方的漁陽（在今北京密雲西南）去服役。這隊戍卒有九百多人，都是淮河地區的農民，領頭的是陳勝和吳廣。陳勝出身貧苦，卻少有大志。當年在家耕田時，他對夥伴們說：「苟富貴，無相忘。」大家覺得陳勝這是腦子不好，陳勝不以為然，感慨地說：「燕雀安知鴻鵠之志哉！」這次服役，給陳勝帶來了實現人生理想的機會。當隊伍途經大澤鄉的時候，趕上陰雨天，道路受阻，無法按期到達，按照秦律，戍守誤期會被處死。陳勝想趁機起兵造反，便與吳廣商議，二人一拍即合，隨

1 所謂「讖」，是一種能夠預知吉凶的隱語，一種神祕的預言，多是方士自己編造的。

即開始了祕密動員。

古代農民起義多會依託迷信，因為農民容易相信。陳勝和吳廣策畫了「魚腹丹書」和「篝火狐鳴」事件。他們在布條上寫了「陳勝王」，然後將布條塞進魚肚子，再讓人買魚回來吃，人們看到了布條後十分驚奇。夜晚，吳廣又偷偷地跑到營地外邊點起篝火，裝狐狸叫，呼喊「大楚興，陳勝王！」。這六個字的意思是「楚國要復興，陳勝會當王」。大家都認為這是上天的旨意，暗地裡互相議論。民意騷動起來，陳勝殺死了押送軍官，把大家召集起來，慷慨激昂地說：「因為下雨，我們無法如期到達漁陽，按照秦律會被處死[2]。就算我們有幸不被殺頭，但戍守邊疆的人，十個也得死掉六七個。壯士要麼就堂堂正正地活，要麼就轟轟烈烈地死！稱王侯、拜將相的人就是天生高貴的嗎？我們起義吧！」[3]

長期逆來順受的民眾聽說要起義，還能當王侯將相，一個個如同被點化後的天兵天將，紛紛揭竿而起。就這樣，秦末農民大起義的烈火在大澤鄉點燃，隨即燃燒出了一個群雄崛起的時代。

2 近年來，有人用睡虎地秦簡中記載的徭役法來否定陳勝吳廣起義的合理性。根據睡虎地秦簡的記載，秦民服徭役如果誤期，多是罰交盾牌或鎧甲，並不會被處死。也就是說，陳勝當年所說的「失期當斬」多半是造謠。然而，陳勝、吳廣是戍卒，也就是戍衛邊疆之人，他們所服的並非普通的徭役，而是軍役，所以，睡虎地秦簡中的徭役法可能並不適用於陳勝、吳廣等人。且結合戰國至秦漢時期的軍法來看，「失期當斬」是存在的。

3 公等遇雨，皆以失期，失期當斬。藉第令毋斬，而戍死者固十六七。且壯士不死即已，死即舉大名耳，王侯將相寧有種乎！（《史記・陳涉世家》）

30 劉邦與項羽

二世而亡天下亂 霸王遇上老流氓

秦朝不允許民間私有兵器，大澤鄉起義爆發後，起義軍自製武器，「斬木為兵，揭竿為旗」。所到之處，農民紛紛加入，很快，起義軍隊伍就擴充到數萬人，占領了附近的多個縣城。在占領陳縣後，陳勝自立為王，建立了「張楚」政權。張、楚二字，是張大楚國的意思。

古代的農民起義，多因反抗權力壓迫而起。然而，農民領袖一旦翻身做了帝王，嘗到了權力的滋味，往往很快會蛻變為新的壓迫者。陳勝稱王后，迅速腐化墮落了。他住在豪華的宮殿裡，享受起帝王的奢華生活。陳勝的老鄉聽說他當了王以後，許多人前來投奔。陳勝倒也樂於招待他們，頗有揚眉吐氣之感。有一個當年和陳勝一起種地的老鄉，是真沒把自己當外人。為了顯擺自己和陳勝的親密關係，他經常和陳勝的手下講陳勝當年的故事。老鄉們一起回憶童年時光，這也是人之常情。然而陳勝此時已是君王，有些童年糗事會損害他的帝王尊嚴。一怒之下，陳勝就把這個老鄉殺了。當年「苟富貴，無相忘」的美好諾言，如今卻被帝王威權無情擊碎。慢慢地，陳勝眾叛親離。

此時的秦軍也在加緊反撲，秦將章邯率軍圍攻陳縣。撤退途中，陳勝被自己的車夫殺害，大澤鄉起義也隨之失敗。陳勝以貧苦農民之身率眾起義，反抗暴政，有歷史先驅之功。然而功業未成卻先行享樂，全忘初心，最後死於車夫之手，結局著實令人唏噓。

陳勝雖死，但反秦的大火已經燃燒起來。此時距秦滅六國才不過十幾年，六國後裔紛紛趁機復國，也都起兵反秦。當年的六國中，要數楚國疆域最廣，且楚國地處南方，風俗文化與秦國迥異，楚國後裔反秦情緒最為強烈。當時的人們都認為，最後滅亡秦朝的必定是楚國勢力，所謂「楚雖三戶，亡秦必楚」。後世史家稱這種局面為「非張楚不能滅秦」。在眾多反秦勢力中，最後脫穎而出的，是項羽和劉邦。

項羽是楚國名將項燕的孫子，正兒八經的楚國貴族之後。項羽長得高大威猛，身高八尺二寸（當時一寸為〇．一尺，約合今二．三公分），合今天約一百九十公分。項羽力氣過人，能舉起大鼎。鼎的重量一般都在二百公斤以上，項羽的力氣接近今天的舉重運動員。項羽自幼喪父，從小就跟叔父項梁一起生活。項梁教他讀書寫字，項羽沒興趣，認為會寫自己的名字就足夠了。項梁看文的不行，又教武的，教項羽劍術。可項羽又是兩天半新鮮後就不學了，說劍術只能和一個人對敵，他想要學的是「萬人敵」。隨後，項梁又教他學習可「萬人敵」的兵法，項羽也只是學了個大概。可見，項羽是個粗線條、沒耐心的「鋼鐵直男」。

劉邦也是楚人。他是個地地道道的農村「街溜子」，整日遊手好閒。劉邦的父親很看不慣這個小兒子，經常罵他是「小流氓」。劉邦有一個長處，就是善於結交朋友，而且不吝惜錢財。他經常把狐朋狗友領到家裡吃飯，劉邦的大嫂不勝其煩。有一次，劉邦又領朋友回家吃飯，大嫂就在廚房敲鍋，意思就是鍋空了，沒飯招待了。劉邦送走朋友後，發現廚房還有飯，就覺得大嫂不給他面子，心生怨恨。許多年以後，劉邦當了皇帝，分封劉姓兄弟子侄為王，唯獨不封大侄子，因為他媽當年不給自己面子。父親懇勸劉邦，希望他念及早死的大哥，多少封大侄子一個爵位。最後，劉邦封大侄子為「羹頡侯」。「羹」是飯的意思，「頡」是敲擊的意思，翻譯過來就是「敲鍋侯」。可見，劉邦是一個善交際也很記仇的人。

實際上，劉邦和秦始皇是同齡人。當年在咸陽服役時，劉邦還有幸見過這位皇帝前輩。他當時遠遠望著秦始皇的車隊，那壯觀的場面讓他羨慕不已，不由地感慨道：「大丈夫當如此！」項羽也曾在會稽郡見過秦始皇的巡行車隊，也不由自主發了一句感慨：「彼可取而代之也！」意思是說，我可以取代他。這句話彰顯了項羽的霸氣，也透露出他的不臣之心，身旁的叔父趕緊捂上了他的嘴。

劉邦善交際，有心機，靠著朋友的支持，還當上了沛縣泗水亭的亭長。當秦末農民起義爆發時，劉邦趁機拉起一支反秦隊伍。此時，項羽也率領八千江東子弟兵起兵反秦。

在與秦軍決戰的巨鹿之戰中，項羽與諸侯聯軍遇到了章邯率領的三十萬秦軍。開戰前，其他諸侯軍隊都遠遠地作壁上觀。只有項羽軍隊在戰場上奮力拚殺，個個以一敵十。最終，項羽軍隊大破秦軍主力。戰後，項羽召見各路諸侯，他們都不敢直視項羽，只敢跪著匍匐拜見。

西元前二〇七年，正當項羽與秦軍血戰之時，劉邦卻趁機攻入了咸陽。此時，秦二世已被趙高逼迫自殺，新即位的子嬰向劉邦投降，秦朝宣告滅亡。誅暴秦的大功被劉邦搶了先，項羽怒不可遏。他隨即引兵駐屯在咸陽城外的鴻門，準備與劉邦開戰。劉邦不愧是「心機大叔」，立即親赴鴻門謝罪，表示自己無意與項羽爭功，最終得到了原諒。次年，項羽自稱「西楚霸王」，大封天下諸侯。劉邦也被封為漢王，獲得了巴蜀、漢中之地。隨後，劉邦與項羽之間爭奪天下的楚漢之爭拉開了帷幕。

31 西漢的建立

非張楚不能滅秦 非承秦不能立漢

項羽驍勇善戰，粗暴嗜殺。巨鹿之戰中，二十萬秦軍降卒被他坑殺；進入咸陽後，秦王子嬰被他俘殺；連他名義上的君主楚懷王（楚義帝熊心），也被他暗殺。與項羽的恃勇無謀不同，劉邦有心機、無底線，不僅善於收買人心，關鍵時刻還六親不認。

劉邦攻占咸陽時，發現宮殿裡珠光寶氣、美女如雲，他很想留下來盡情享受，謀士張良勸阻了他，說這樣會重蹈秦朝覆轍，劉邦就真的聽勸了。他駐軍到城外，還和秦地民眾約法三章：

殺人者死，傷人及盜抵罪。[1]

劉邦軍隊對民眾秋毫無犯，贏得了民心。一個農村「街溜子」出身的流氓，能夠經得起極樂繁華的誘惑，足見其城府和格局。還有一次，劉邦被項羽追擊，逃跑途中為了減輕車重，劉邦多次將自己的一雙兒女踹下車，毫無人父之心。又有一次，劉邦被項羽圍攻，劉邦的父親被項羽俘獲，項羽揚言要將劉父燉了吃肉，以此逼劉邦出戰。劉邦得知後卻哈哈大笑，告訴項羽：如果燉爹吃，別忘了分一杯羹給我。[2]想跟劉邦耍流氓，項羽還真不是對手。

在四年的楚漢之爭中，劉邦敗多勝少。但是劉邦的心態極好，不僅用人得當，戰略也運用得很到位。反觀項羽，他卻是四面樹敵，遭到諸侯的聯合反抗。劉邦趁亂占領關中後，聯合其他諸侯對抗項羽。在持久戰中，項羽的優勢逐漸被消耗殆盡。後來，楚漢雙方劃定鴻溝為界，罷兵講和。但劉邦違背諾言，在項羽退兵的路上開始追擊。西元前二〇二年，劉邦會合四十萬諸侯聯軍將項羽包圍於垓下。劉邦讓部隊高唱楚歌，聽見四面楚歌響起，楚軍個個思鄉心切，無心再戰。項羽見大勢已去，看著身邊的愛人虞姬，頓時感傷不已。為了不給項羽突圍添負擔，虞姬拔劍自刎。好一齣霸王別姬，項羽失去了虞姬，也失去了天下。項羽自覺無顏再見江東父老，婉拒了旁人勸他回江東的建議。

走到了人生盡頭，項羽的內心異常平靜。他回顧一生，想起了許多事。年少起兵反秦，出道即巔峰。如同虎狼的秦軍被他坑殺殆盡，各路諸侯只敢跪在他腳下匍匐。鴻門

---

1 出自《漢書．高帝紀》。

2 必欲烹而翁，則幸分我一杯羹。（《史記．項羽本紀》）

宴上阿諛奉承的老流氓，只因被自己放走才僥倖得了天下。何況，自己還有生死相伴的愛人虞姬，一生何求？這樣的人生，沒有什麼遺憾，也沒有什麼留戀的了。在烏江邊，項羽以自刎的方式結束了一生。深情難耐此生緣盡，直男不敵大叔心機。西元前二〇二年，劉邦稱帝，定都長安，建立了漢朝。後世稱之為西漢或前漢，稱劉邦為漢高祖。

漢朝建立後，全面繼承了秦制。在中央設置三公九卿，地方上實行郡縣制。在郡縣之外，劉邦又恢復了分封制。劉邦將秦朝短命的原因歸結於沒有分封諸侯，以至於天下反秦時，秦沒有諸侯的支援。為此，劉邦在地方大封諸侯，形成了漢初郡國並存的局面。其實，早在稱帝之前，劉邦就已經開始分封功臣為諸侯了。當時，這些功臣擁兵自重，劉邦只得用封王的方式拉攏他們。比如韓信，曾有人勸他自立，與劉邦、項羽三分天下。韓信攻占齊地後，主動向劉邦索要封地，假惺惺地上書說：「齊國狡詐多變，反覆無常，且南面與楚國接壤，若不設立一個假王（臨時的王）來鎮撫，難以穩定局勢。我可以做這個假王。」[3]這已經有點要脅的味道了，但劉邦強壓心中怒火，也假戲真做地回覆道：「大丈夫既然平定了諸侯，要做就做真王，為何做假王?!」[4]就這樣，韓信被封為齊王。前前後後共有七個功臣被劉邦封王，他們被稱為異姓王。

漢朝初期的局勢穩定後，在呂后的協助下，劉邦開始翦除異姓王。功勳卓著的韓信，被騙入宮中斬殺，還被滅了三族。其他的異姓王，廢的廢、殺的殺、逃的逃，只有實力最弱的長沙王吳芮，沒有勞煩劉邦，自己早早病死，其後代才保住了王位。在翦除異姓王的同時，劉邦又分封了九個劉姓子弟為諸侯。劉邦殺白馬與大臣立下盟約，今後「非劉氏不得王，非有功不得侯」，否則「天下共擊之」。

在治國方面，劉邦用秦制而不用秦政，果斷放棄了秦朝的暴政。經過常年戰亂的衝擊，漢初經濟凋零。那時，皇帝的車駕都找不到四匹毛色相同的馬。丞相出行甚至只能乘坐牛車。為了恢復民力，劉邦採用了道家思想來治國，實行了與民休養生息的政策。

休養生息政策還集中體現在劉邦的「高帝五年詔」上。首先，軍隊復員，回鄉從事農業生產。漢朝沿用秦朝的二十等軍功爵制，對將士按功授爵。軍卒普遍被授予第五等大夫爵，至少可分得五頃田地。楚漢之爭中支援劉邦的六國貴族將領，還可免除六年或十二年的徭役。其次，政府鼓勵戰亂時逃亡的民眾返回原籍，恢復他們在戰亂中喪失的土地。最後，漢朝還大量釋放奴婢，因饑餓和貧窮自賣為奴婢者「皆免為庶人」，讓他們成為國家的自由勞動力。

漢初的一系列政策，不僅恢復了經濟生產，還爭取到了廣泛的政治支持，使漢朝

---

3 齊偽詐多變，反覆之國也，南邊楚，不為假王以鎮之，其勢不定。願為假王便。（《史記．淮陰侯列傳》）

4 大丈夫定諸侯，即為真王耳，何以假為！（《史記．淮陰侯列傳》）

的社會局勢逐漸穩定了下來。漢初對有軍功人員的優待，使漢朝形成了一個軍功收益集團。他們獲得土地後，變身大地主，成為漢朝政權在地方的忠實捍衛者。

32 文景之治

黃老之學不折騰 文景之治承太平

劉邦的父親劉太公，一直活到了漢朝建立後。他做夢也想不到，自己最看不上的小流氓兒子，居然當了大漢皇帝。劉邦稱帝後，在一次宴會上逗他的父親，笑著說：「父親，您當初總是罵我沒本事，賺不到錢，不如二哥勤勞能幹。您現在看看，我跟二哥誰的家業更大呢？」[1] 這雖然只是酒桌上的玩笑話，但看得出，農民出身的劉邦，滿腦子都是「家天下」的思想。

漢朝建立後，劉邦把外部的不穩定因素都一一妥善解決了，但在「家天下」內部，有兩股暗流一直在湧動——一個是儲位之爭，一個是諸侯勢力變大。我們先說一下儲位之爭問題。劉邦的皇后是呂雉，人稱呂后。她是劉邦「街溜子」時代的結髮妻子，為劉邦坐過牢、當過俘虜，還替劉邦誅殺過功臣，可謂患難夫妻。呂后給劉邦生的兒子叫劉盈，就是當年被項羽追擊時，被劉邦數次踹下車的可憐孩子。好在夏侯嬰將劉盈撿回來，

1 始大人常以臣無賴，不能治產業，不如仲力。今某之業所就孰與仲多？（《史記．高祖本紀》）

他才活了下來。漢朝建立後，劉盈以嫡長子的身分被立為太子。但劉邦這時候又寵幸了妾室戚夫人，戚夫人也給劉邦生了一個兒子，叫劉如意。也許是愛屋及烏的原因，劉邦總是說劉如意像自己，說劉盈不像自己。因為戚夫人的枕邊風，劉邦打算廢掉劉盈，改立劉如意。幸好呂后機敏，及時聯合大臣勸阻，劉邦才作罷。經過這次立儲風波，呂后和戚夫人結下了深仇大恨，這種仇恨比搶老公之恨還要刻骨銘心。

西元前一九五年，劉邦駕崩，劉盈繼位為漢惠帝。呂后開始對戚夫人進行瘋狂報復。她先是毒殺了劉如意，又命人將戚夫人四肢砍掉、雙眼挖掉、熏聾毒啞，再丟進廁所，稱之為「人彘」，就是「人形小豬」的意思。更令人髮指的是，呂后還把漢惠帝叫過來看，問他是否有趣。惠帝看到後嚇個半死，怒斥道這不是人能幹出來的事。從此，漢惠帝開始不理朝政，借酒消愁，在位僅七年就駕崩了。

漢惠帝死後，呂后先後立了兩個傀儡皇帝，自己臨朝稱制。所謂「稱制」，是指下達的命令如同皇帝的「制」，自己相當於代理皇帝。呂后還打破了劉邦的「白馬之盟」，封呂姓子弟為王，讓呂氏外戚集團充任朝廷要職，控制了朝政。呂后去世後，諸侯與大臣裡應外合，殺光了呂氏外戚集團，這才徹底結束了「呂氏時代」。呂后雖然專權擅政，且手段殘忍，但在治國方面還是很成功的。她掌權的十六年間，全面繼承和發展了漢初的休養生息政策，漢朝社會持續恢復發展，為後來的「文景之治」奠定了堅實的基礎。

平定諸呂之後，群臣擁戴劉邦的第四子劉恆繼位，也就是後來的漢文帝。在中華傳統文化的二十四孝故事中，有一個「親嘗湯藥」的故事，說的就是漢文帝伺候母后薄氏的故事。漢文帝仁厚孝順，治國政策也很溫和。他在位時期，主要有三大歷史政績：

第一，減輕刑罰，重視以德化民。漢文帝時，太倉令淳于意犯罪，被押送至長安，按律將會被處以肉刑。漢朝的肉刑繼承自秦朝，主要有三種：臉上刺字稱「黥刑」，割掉鼻子稱「劓刑」，斷足稱「刖刑」。淳于意有個叫緹縈的小女兒，她上書漢文帝，指出肉刑會讓人殘疾，即便犯人想要改過自新也沒辦法了。緹縈還表示自己願意賣身為官奴，替父親贖罪。緹縈的孝心感動了漢文帝，淳于意的罪行被赦免。同時，漢文帝也廢除了殘害肢體的肉刑，用剃髮和打板子代替。

第二，漢文帝進一步減輕賦稅和徭役。漢文帝時，田賦降到三十稅一，比劉邦時低了一半。除田賦外，漢朝民眾還要承擔人頭稅，十五到五十六歲的成年人，每年每人交一百二十錢[2]，稱為一「算」，所以西漢時期人頭稅也稱「算賦」。特殊人群還要加倍交算賦。奴婢要交兩算，由其主人負擔，這樣做是為了限制豪強蓄奴；商人也要交兩算，這樣做是為了重農抑商。為了鼓勵女子結婚生育，漢朝十五歲以上的未婚女子也要加倍

2 即制錢，漢武帝之後的制錢為五銖錢（銖為中國古代重量單位）。

收算賦，最高收五倍。另外，民眾每人每年還要孝敬皇帝六十三錢，這叫「獻費」。如果民眾不想服徭役，還要交「代役錢」，一年要三百錢。綜合算下來，漢朝的稅賦約占家庭總收入的四成，相比秦朝的「泰半之賦」，這已經少了許多，的確算是輕徭薄賦。

第三，漢文帝厲行節儉。一件色彩暗淡的粗絲龍袍，漢文帝穿了好多年。他還不准後宮女子的衣服下擺拖到地上，這樣可以省布料。漢文帝執政的二十三年間，沒有新建宮殿園林，連車馬儀仗都沒有增添。甚至就連葬禮，漢文帝也不折騰老百姓。臨終前，他下令陵寢不得陪葬金、銀、銅、錫製品，只能用瓦器。

漢文帝死後，兒子漢景帝繼位，後者基本延續了漢文帝的治國路線。從劉邦到呂后，再到漢文帝和漢景帝，六十多年間，漢朝始終以道家的「黃老學說」治國，提倡無為而治，與民休養生息，民力得到了恢復，社會經濟持續發展。到文景時代後期，漢朝已經富得流油。那時，國庫裡的錢堆積成山，因常年不用，穿錢的繩子都腐爛了，錢散落得滿地都是。歷史上，稱文、景二帝執政的美好時代為「文景之治」。

於民眾而言，秦朝的統一並沒有帶來什麼福祉。倒是多虧漢初不折騰的歲月，大家吃飽了飯，活得有尊嚴，民眾感受到了實實在在的幸福。可惜這種幸福未能持續下去，因為漢武帝即位了。

33 漢武帝即位

金屋藏嬌漢武帝　霸道奶奶竇太后

漢武帝是一位飽受爭議的帝王，他在位期間，既有豐功偉績，也有苛法暴政。他的偉大與失敗，都集中地體現在他的謚號「武」字上[1]。肯定他的人，讚頌他開疆拓土，武功卓越；否定他的人，批評他窮兵黷武，耗盡民力。然而很多人想不到，就是這樣一位具有戰鬥氣質的君王，當年卻是靠女人上位的。

漢武帝本名劉徹，小名「彘兒」，意思是小豬羔子。民間認為，給小孩起小動物名字會比較好養活，就像今天中國農村的「貓蛋兒」「狗剩兒」之類。劉徹是漢景帝的第十子，並非嫡出，原本是和皇位無緣的。可是漢景帝的薄皇后不孕不育，漢景帝沒有嫡子可立。按照「有嫡立嫡，無嫡立長」的原則，漢景帝的庶長子劉榮最先被立為太子。劉榮的母親栗姬，是個「頭髮長，見識短」的女人。想到自己的兒子今後會當皇帝，自己

1 古代皇帝的謚號，褒義的叫作「美謚」，如文、景、宣；批評的叫作「惡謚」，如厲、靈、煬；還有表示同情的，叫作「平謚」，如湣、悼、哀。漢武帝的謚號是「武」，指他很能打仗。在歷代王朝，除了開國皇帝以外，「武」這個謚號實際上並非真正的美謚。

會當太后，她全然不把後宮和宗室放在眼裡，最後也因此葬送了自己和兒子的前途。

漢景帝有個胞姊，名叫劉嫖，被封為館陶長公主。她在宗室內很有影響力，且工於心計。她經常給漢景帝介紹年輕美女，姊弟倆的關係很好。為了永保富貴，劉嫖想把自己的女兒阿嬌嫁給太子劉榮，讓她成為未來的皇后。古人缺乏遺傳學知識，姑表間近親結婚很常見。可是栗姬很討厭這個大姑，憎惡她經常給自己的老公介紹美女。於是，傲嬌的栗姬拒絕了劉嫖的聯姻請求，還把話說得不留情面。親家沒結成，還碰了一鼻子灰，劉嫖懷恨在心：「既然你栗姬的兒子不娶阿嬌，那我就想辦法換太子！」再三考查後，劉嫖相中了當時只有四歲的劉徹。

劉徹的母親王美人也是漢景帝的妾室，不過她嫁給漢景帝時已是二婚。入宮前的豐富閱歷，讓王美人很懂得人情世故。她深知與館陶公主聯姻的政治價值，便努力促成劉徹和阿嬌定下娃娃親。相傳，小劉徹得知後也非常開心，拍著手說：

若得阿嬌作婦，當作金屋貯之也。[2]

這就是典故「金屋藏嬌」的由來。有了丈母娘的扶持，劉徹越發受到漢景帝青睞。劉嫖不放棄任何跟漢景帝說栗姬和劉榮的壞話的機會，而栗姬傲慢的做派的確也很招人厭惡。沒多久，栗姬被漢景帝打入冷宮，劉榮被廢，劉徹獲得了太子之位。西元前一四一年，漢景帝駕崩，十六歲的劉徹繼位。第二年，阿嬌被冊立為皇后，劉嫖如願以償。可是後來漢武帝移情別戀衛子夫，最後還是把阿嬌給廢黜了。

漢武帝即位之初，奶奶竇氏還健在，被尊為太皇太后。早在漢景帝在位時，竇太后就時常干預朝政，甚至還想讓小兒子梁王做漢景帝的繼承人，這讓漢景帝大為頭疼。現在，又輪到漢武帝頭疼了。政治上，竇太后信奉道家的無為而治，其政見與漢武帝的豪邁性格大相徑庭。漢武帝是一個愛折騰的人，他偏好治國平天下的儒術，卻處處被奶奶掣肘。御史大夫趙綰是一個儒生，他建議漢武帝不要再將政務呈報給太后，竇太后得知後大怒，將趙綰治罪，趙綰慘死於獄中。沒辦法，漢武帝只能先隱忍，否則連皇位都不保。竇太后去世後，漢武帝親政，才開始大展身手。

漢武帝是個「富四代」皇帝，繼承了祖輩留給他的大漢盛世。可是在盛世的表面下，半個多世紀的無為而治也給漢朝帶來了不少問題。最棘手的問題有兩個：一個是尾大不掉的諸侯國，另一個是虎視眈眈的匈奴。相比而言，王國問題更是漢朝的肘腋之患。

王國問題，是劉邦當年埋下的雷。劉邦有著嚴重的小農思想，什麼都想著依靠家裡

2 出自班固《漢武故事》。

人。漢朝建立後，他對功臣的態度是兔死狗烹，對親戚則委以重任。大批宗室被封為諸侯，整個漢朝就像一個家族企業。和當年西周的分封制一樣，剛開始家裡人還很親近，可幾代之後，親戚便離心離德。文景時期，王國的勢力已經超過了中央。王國還形成了自己的經濟體系，可以自己徵稅、鑄幣，完全不理會中央。在當時人看來，王國就是漢朝以外的國家。

漢景帝在位時就曾想削弱王國勢力，他採納老師晁錯的建議，下令削奪王國土地，這激起了吳、楚等強國的激烈反抗。吳王劉濞是漢景帝的叔叔，他還和漢景帝有殺子之仇。漢景帝做太子時，和劉濞的兒子下棋時發生了糾紛，一怒之下，漢景帝掄起棋盤把劉濞的兒子給打死了。現在又要削奪土地，劉濞必定新仇舊恨一起算。於是，吳國聯合其他六個王國，以「誅晁錯，清君側」的名義起兵，以吳、楚為首的「七國之亂」爆發。叛亂軍初期的勢頭很猛，漢景帝迫不得已殺了晁錯，向諸侯王妥協。可諸侯王並未收兵，漢景帝只好派大將周亞夫平叛。七國之亂最後雖被平定，但王國問題還是未能從根本上得到解決。

漢武帝親政後，也想解決王國問題，可又怕引起王國的反抗。最後，一位叫主父偃的官員給漢武帝出了一個妙招，但對諸侯來說，這卻是一個無法拒絕的「損招」。主父偃出的這一招，叫作「推恩」。

34 推恩令與刺史制度

削弱王國行推恩 監察郡縣設刺史

中大夫是秦漢時期的中央官職，服侍於皇帝左右，主要負責出主意。為解決諸侯國問題，漢武帝的中大夫主父偃給他出了一個妙招——推恩。

所謂「推恩」，就是以恩賜的名義分割封國土地。過去，諸侯王死後，王位和封地都由嫡長子繼承，其他的兒子只能眼巴巴地看著。漢武帝頒布推恩令，規定除嫡長子繼承王位外，其他諸子可以獲封為侯，並從王國分得一份土地來建立侯國。推恩令之下，王國被越分越小。第一代王國的封地若相當於一個郡，推恩幾代後，可能就變成了一個縣。推恩十幾代後，可能什麼也沒剩下。看過《三國演義》的都知道，劉備就是漢景帝的第十八代孫，沒有爵位，只能選擇「靈活就業」，上街賣草鞋。推恩令的內在邏輯與漢文帝朝名臣賈誼的「眾建諸侯而少其力」的本質相同，只是主父偃用「推恩」的名義，讓諸侯王無法拒絕，最後還得說聲「謝謝」。諸侯王的兒子們也都支持這一政策，只有嫡長子感到不爽，但一個人也拗不過大家，只能接受這「溫柔的一刀」。主父偃費盡心機地幫漢武帝打壓王國勢力，後來又舉報齊王犯罪，齊王被迫自殺。可漢武帝又怕天下人說他殘害宗室，便犧牲了主父偃，將其滅族。有些皇帝是極端的利己主義者，毫無恩情信義可言，許多傾心輔佐的大臣都作繭自縛，不得善終。

光有推恩令還不足以讓漢武帝放心，隨後，他又多管齊下地收拾了王國。漢武帝頒布了「左官律」，規定在王國任職的官員為「左官」，地位低於中央官員，且永遠不得進入中央朝廷任職，以示歧視和限制。又頒布了「附益法」，將朝廷大臣結交諸侯之舉定為「附益」之罪，重者可以處死，以此斷絕諸侯干預朝政的念頭。漢武帝還會找各種藉口直接削奪諸侯國，最有名的就是「酎金失侯」事件。按規定，諸侯國要向中央貢獻祭祀用的黃金，稱為「酎金」。有一次，漢武帝指責侯國的酎金成色不足，一次性就削奪了一百零六個侯國。漢武帝時代的諸侯，各個膽戰心驚，因為沒準哪一天就被皇帝找碴給消滅掉了。

在收拾王國的同時，漢武帝也拿地方上的地主豪強勢力開刀。這股勢力多源於漢初的軍功受益集團，他們當年因軍功獲封，成為地方的大地主。承平日久，他們在財富和勢力累積坐大後，成了稱霸鄉里的豪強勢力。豪強建有莊園，莊園內的生產以農業為主，兼營各種行業，經濟上自給自足；另外，莊園內還依附著大量勞動人口：

連棟數百，膏田滿野，奴婢千群，徒附萬計。[1]

莊園儼然一個小王國。豪強不僅在經濟上很「豪」，在政治上還很「強」。他們結黨營私，勾結官員，操控地方政治。豪強手下還養著一批被稱為「游俠」的人，這些人無視法律，快意恩仇，用自己的規則解決民間爭端，就像黑社會人士一樣，嚴重挑戰了官方的權威。對地主豪強的整治，漢武帝也是多管齊下。

漢武帝先是強行遷徙豪強，讓他們離開故土。這招是跟秦始皇和漢高祖學的，劉邦當年強制遷徙地方貴族到自己的陵寢——長陵居住，以監視和打壓。漢武帝依樣畫葫蘆，下達「遷茂陵令」，規定凡是資產在三百萬錢以上的家庭，一律遷徙到自己的茂陵居住。

這個政策有兩個好處：一是帶動了首都經濟圈的經濟，三百萬錢以上的家庭帶來的購買力，堪比今天的千百萬元，「茂陵子弟」成了那個時代「富二代」的代名詞；第二個好處是增加了國家自耕農的數量，因為豪強遷徙前，都會把老家的土地賤賣給農民。

漢武帝還任用了大量酷吏，對豪強和游俠實施「嚴打」。這些酷吏手段嚴酷，只按皇帝的喜好執行法律。凡是對皇權有威脅的人，他們都嚴加整肅。酷吏王溫舒，本是盜賊出身，進入官場後，因心狠手辣獲得漢武帝賞識。任職河內郡太守期間，他將郡內千

1 出自《後漢書．仲長統列傳》。

餘名豪強全部處死，刑場血流成河，十餘里的河水都被染紅。酷吏嗜殺成性，雖然抑制了豪強勢力，卻也造成不少冤假錯案。

漢武帝用高壓手段來管控地方，各級官員層層加碼，不擇手段。時間一長，法律如同兒戲，民眾也深受其害。

漢武帝中後期，盜賊遍布全國，規模大的地方達數千人。他們攻打城邑，搶奪武庫，殺害官吏，甚至要求官府進獻糧食。針對這一狀況，漢武帝「強上加強」，對抓捕盜賊不力的地方官處以極刑。地方官為了保命，便對中央陽奉陰違——即便發現盜賊，也不上報，「諱盜」現象日益嚴重。漢武帝對地方官越發不信任，便從中央派官員去監視他們，刺史制度由此誕生。「刺」，是檢核問事之意；「史」，即御史之意。刺史就是奉旨監察地方的官員，雖然這一官職級別不高，俸祿只有六百石[2]，但權力極大，可以監察俸祿達二千石的郡守。這種「以卑察尊，以小制大」的監察手段，成為後世王朝實現權力制衡的慣用手段。漢武帝將全國劃分為十三個監察區，稱為「州」，每州派一名刺史。刺史沒有固定的辦公場所，每年夏末秋初之際出發，年底回朝覆命，秋、冬兩季在全州各郡巡視。到了東漢時期，刺史改稱「州牧」，在一州有固定駐地，掌握一州軍政大權，逐漸演變為郡守之上的地方最高長官。

推恩令和刺史制度的推行，加強了朝廷對地方的管控，強化了中央集權。在加強內部管控的同時，漢武帝也開始著手解決漢朝外部的威脅。漢朝最大的外部威脅，就是北方的匈奴。

2 石，古代重量、容量單位。在漢朝，官員發放祿米以石為單位，石也成為衡量官員級別的標誌。

35 匈奴的崛起

游牧文明有狠人 穩住匈奴靠和親

漢武帝很配得上「武」的謚號，終其一生，他要麼是在打仗，要麼是在為打仗做準備。翻開漢朝的疆域圖，會發現他幾乎沿著邊界打了一圈。他遠征西南夷，使雲貴川少數民族地區歸附中原政權；他南伐百越，將漢朝疆域推到了南海之濱；他還東征朝鮮半島，在那裡設立了漢四郡[1]，將朝鮮半島納入了版圖。可是，這所有的對手都比不上北方的匈奴。這個文明類型與漢朝完全不同的民族，讓漢武帝為之瘋狂了一輩子。

早期人類文明主要有三種類型：海島上的海洋文明、平原上的農耕文明、草原上的游牧文明。中國缺少海洋文明，中原政權屬於農耕文明，漢朝是其中的典型。以匈奴為代表的游牧民族，世居於北方草原，屬於游牧文明。在冷兵器時代，游牧文明是農耕文明無法消除的心頭之患。游牧民族能征善戰，整日騎馬射獵、遷徙游牧，生產生活方式和作戰方式高度相似。匈奴人也很好戰，由於生產力水準相對落後，當生活物資無法滿足需求時，他們就會去劫掠農耕文明社會。匈奴人戰鬥力驚人，讓漢朝難以招架。

首先，匈奴全民皆兵，而且是騎兵。騎兵的機動性極強，一晝夜間可急行三百公里，在冷兵器時代這就是「閃電戰」的速度。他們過來搶你一圈，搶完就跑了，你只能望塵莫及。其次，匈奴人打仗幾乎不需要後勤補給。農耕文明的軍隊作戰，一個士兵需要多個民夫運輸糧草，素有「兵馬未動，糧草先行」的說法。而匈奴人打到哪兒搶到哪兒，還可就地游獵，沒有後勤補給之憂。另外，游牧文明逐水草而居，搬家就像大掃除一樣容易。你想主動攻打，也很難找得到人。即便打下來，你也守不住。因為寒冷的草原極難發展農耕，農耕文明政權在這裡待不長久。更可怕的是，匈奴人還會根據農耕文明的生活習慣來制訂作戰計劃，實現游牧與劫掠的無縫對接。進入夏季，匈奴人愉快地放牧，把戰馬養肥。到了夏末，匈奴部隊開始集結——他們知道中原要秋收了。一入秋，匈奴騎兵就南下中原劫掠，那場面就像去吃到飽餐廳一樣歡快。慢慢地，匈奴人的生產方式變成了放牧與劫掠的二元結構，中原政權備受其擾。

早在戰國時期，北方列國就開始修建長城防禦匈奴。[2]秦朝統一後，蒙恬率軍北擊匈奴，又將北方各國的長城連接起來，一定程度上遏制了匈奴入侵。然而，到了秦末漢初之際，匈奴再次崛起。這次，匈奴人也出現了一個「秦始皇式」的人物，名叫冒頓。

1　漢四郡，即樂浪、玄菟、臨屯、真番。位置最靠南的真番郡，已經越過漢江，其治所在霅縣。

2　長城的走向，大致和二百公釐等降水量線平行。這個降水量，恰恰是發展農耕的最低要求。可以看出，長城必然是游牧文明與農耕文明的分界線。

冒頓是匈奴頭曼單于（首領）的兒子，本是王位繼承人。可是，頭曼晚年又看好另一個兒子，就把冒頓送到了敵對的月氏人那裡去做人質，然後發兵進攻月氏，想以此害死冒頓。混亂中，冒頓搶了一匹戰馬，逃了回來。頭曼很是贊歎兒子的機智勇猛，於是撥給他一支騎兵去訓練。這時的冒頓，時刻想著如何殺死老爹。冒頓發明了一種響箭，射出後能發出嘶鳴聲。他吩咐手下：自己的響箭射到哪裡，大家就要跟著射到哪裡。一天，他將響箭射向自己的妻子，有幾個手下以為冒頓射錯了，沒敢跟著射，冒頓把他們殺了。過了幾天，他又將響箭射向了自己的戰馬，這次，大家都沒遲疑。冒頓很滿意，認為這支部隊可以派上用場了。隨後冒頓跟隨頭曼單于一起去打獵，途中，他突然將響箭射向了頭曼，父親瞬間變成了「刺蝟」。就這樣，冒頓殺掉了自己的父親，成了匈奴的新單于。

當時，在匈奴東邊有個強鄰，叫作東胡。東胡人很傲慢，看冒頓剛即位，就來敲竹槓，索要老單于留下的千里馬。匈奴群臣氣憤，冒頓卻平靜地說，怎麼能吝嗇一匹馬呢？鄰居喜歡，送給人家就完了！東胡得寸進尺，沒多久又來索要單于的閼氏（王妃）。匈奴群臣暴怒，認為這太欺負人了，冒頓卻又說，怎麼能吝嗇一個女人呢？鄰居喜歡，送給人家就完了！其實，冒頓是在用這種方式來麻痹敵人，私下裡早就開始整軍備戰。沒多久，東胡人又來索要兩國交界處的無人土地。這一次，冒頓沒有再當散財童子。他殺掉了同意割讓土地的大臣，因為冒頓認為土地是國家的根本，絕不可拱手讓人。隨即，冒頓出兵消滅了東胡政權，又順帶征服了月氏。就這樣，冒頓統一了整個草原，建立起龐大的匈奴帝國。

統一草原後，冒頓率軍南下，攻入長城，占領河套地區，劍指中原。此時的劉邦，剛剛建立漢朝，還不知道匈奴有多厲害。劉邦親率大軍北伐匈奴，被匈奴人圍在山西大同附近的白登山，七天七夜跑不出去。作為「心機大叔」，劉邦用了一個史書難於啟齒的方式逃脫——他派人去賄賂冒頓的閼氏，求她說好話。最後，冒頓放過劉邦一馬，劉邦倉皇撤退。白登之圍後，劉邦變乖了，對匈奴採取和親的政策。所謂和親，就是將宗室女子嫁給匈奴單于，附帶大量陪嫁物資，以免他們劫掠。

一直到文景時期，漢朝始終保持著對匈奴的和親政策。即便是心狠手辣的呂后，受到了匈奴單于的「性騷擾」[3]，最後也只是賠笑安撫，不敢有任何造次。漢朝對匈奴的和親政策，雖然有些丟人，但總體上維持了和平，為漢朝贏得了休養生息的時機。漢武帝即位後，漢朝已經不再是那個「將相乘牛車」的窮困王朝。血氣方剛的少年天子，決心和匈奴人一決雌雄，終結漢朝近百年來的恥辱。

3 呂后掌權時期，人老心不老的冒頓寫信向呂后求愛。雖然這種行為符合匈奴人「收繼婚」的習俗，但在中原人看來，卻是莫大的侮辱。毒辣的呂后受到了這樣的「性騷擾」，非但不敢動怒，還乖乖地回信說自己年老色衰，不配服侍單于，還送去了車馬以示好。

36 張騫通西域

出使西域聯月氏　老婆孩子全帶跑

漢武帝喜歡打仗，他也很會打仗。漢朝與匈奴作戰，必須要有強大的騎兵部隊。早在文景時期，漢朝就很注重馬政事業。除各級官府設立專門養馬的機構外，漢朝還鼓勵民間養馬，並為此頒布了「馬復令」：民家養馬一匹，便可免除三人徭役。到了漢武帝朝，漢朝的養馬事業盛況空前。為了節約馬匹，漢武帝還下令在祭祀時用木偶馬代替活馬。經過三朝的努力，漢朝終於有了強大的騎兵部隊。

漢武帝不僅在軍事上做足了準備，還在外交上尋求盟友。他聽說西域有個大月氏國，和匈奴是世仇，於是派人前去聯絡。所謂西域，是指甘肅陽關和玉門關以西的地區。這兩座關隘，古人視之如「國門」，它常見於古時候的送別詩和邊塞詩裡。如「勸君更盡一杯酒，西出陽關無故人」，再如「羌笛何須怨楊柳，春風不度玉門關」。狹義的西域，主要指今天的新疆地區；廣義的西域，不僅涵蓋新疆，還包括中亞、西亞，西邊一直到歐洲。中原和西域在先秦時期就有往來，商朝墓葬出土過新疆和田玉，吐魯番地區出土過春秋時期的中原刺繡。漢朝時，西域分布著幾十個國家。最大的烏孫國，人口有六十多萬，大體相當於漢朝的一個郡。最小的小宛國，人口只有一千多，其規模大抵相當於漢朝的一個村。

大月氏在西域，是矮子裡的大個頭。《漢書．西域傳》記載，大月氏人口四十萬，軍隊十萬人。可見，這也是個全民皆兵的游牧民族。月氏人最早在河西走廊一帶游牧，離中原不遠，但距匈奴更近。冒頓即位後，月氏人被打慘了。月氏人惹不起匈奴，便開始西遷，遷到了西域的阿姆河流域，在今烏茲別克斯坦一帶。漢武帝得知大月氏與匈奴有亡國之恨，便想聯合他們夾擊匈奴。此時的西域和漢朝尚無官方往來，通往西域的道路也是陌生而危險的。漢武帝需要一個勇敢、機智且忠誠的使者來完成這一任務。於是，漢武帝身邊的郎官張騫被選中，這是一個充滿著激情的熱血青年。

西元前一三九年，張騫率領一百多人的使團，由歸順的匈奴人堂邑父做嚮導，從長安出發前往西域。此時的匈奴還很強大，控制著整個河西走廊。張騫剛進入河西走廊，就被匈奴騎兵扣押了。匈奴人希望張騫歸順，對其反覆威逼，張騫並未屈服。硬的不行，匈奴人又來軟的，他們找了個匈奴美女，要強行嫁給張騫。張騫沒有拒絕，還和這個匈奴妻子生下了一個混血兒了。匈奴人以為這樣就可以留住張騫的心，可他們錯了。張騫身在匈奴心在漢，一直保留著出發時帶著的漢節[1]。他沒有忘記自己的身分和使命，一有機會就打聽西域的情報，耳邊似乎還能聽見漢武帝的召喚。十餘年後，張騫找到機會，逃離了匈奴。老婆孩子全沒帶，只帶了堂邑父。

張騫沒有回漢朝，而是選擇向西，繼續他的使命。他輾轉多國，終於到達了大月氏。此時的月氏人，已遷居西域數十年，習慣了這裡富庶而寧靜的生活，並不想回到故土去招惹恐怖的匈奴人。大月氏婉拒了張騫夾擊匈奴的計畫，卻也表達了對漢朝的仰慕之情，表示想和漢朝有貿易往來。張騫在大月氏停留了一年後，動身回國。可倒楣的是，回程的路上，張騫又被匈奴人給逮住了。幸運的是，張騫僅在一年後又逃跑了。這一次，他不僅帶著堂邑父，還帶著匈奴妻子和混血孩子。

西元前一二七年，漢武帝發動了對匈奴的全面戰爭，也就是河南之戰。「河南地」是中原與草原交界的河套地區，是匈奴入侵中原的集結地。漢武帝派小舅子衛青出征，一戰收復河南地，然後在此設置朔方郡和五原郡。第二年，張騫返回了長安。十三年彈指一揮間，出發時是意氣風發的熱血青年，歸來時已是中年大叔。雖然張騫沒有實現聯合大月氏的初衷，但在西域傳播了漢朝的聲威。張騫這次出使，獲得了大量前所未有的關於西域的資料，開通了一條通往西域的道路，司馬遷盛讚此行為「鑿空」。人生贏家張騫還在旅途中收穫了愛情，可惜匈奴妻子來到漢朝不久就病逝了。張騫因出使西域功勳卓著，被漢武帝封為博望侯。後世往來的漢朝使者，也都被西域人稱為博望侯。

西元前一二一年，張騫參與了漢武帝對匈奴的第二次大戰——河西之戰。河西走廊是一條長約一千公里的狹長的平坦地帶，是內地通往西域最重要的通道。漢朝發動這場大戰，是為了切斷匈奴對西域各國的控制。衛青的外甥霍去病領兵出征，殲敵三萬餘人，俘獲了匈奴人的祭天金人。此戰後，漢朝控制了河西走廊，在此設立了武威、酒泉、張掖、敦煌四郡，即「河西四郡」。

西元前一一九年，張騫再次出使西域。同年，漢武帝發起了對匈奴的最終決戰——漠北之戰。衛青、霍去病各率五萬漢軍騎兵，分兩路遠襲匈奴漠北腹地。此戰勝利後，「匈奴遠遁，而漠南無王庭」。匈奴勢力被趕出了西域，這也使得張騫第二次出使西域的旅程非常順利。張騫帶著萬餘頭牛羊和豐厚的禮物訪問了西域諸國，還帶著烏孫國使者數十人回到長安。

經過三次大戰，漢武帝暫時消除了匈奴的威脅。然而，游牧文明與農耕文明的衝突是不可能從根本上消除的。漢武帝之後，匈奴數次捲土重來。其歷史後繼者，還有鮮卑、契丹、女真、蒙古等。

1 漢節，是一根長約一百八十公分的竹竿，頂端束有三重用犛牛尾制的節旄，是漢朝使者身分的象徵。使者在危難之中仍保留漢節，是忠於漢王朝的表現，這也是「氣節、節操、變節」等詞的來源。《漢書》記載，蘇武被扣押在匈奴王庭後，時刻手持漢節牧羊。日久天長，節上的牛毛都脫落了，只剩下光禿禿的木棍。

37 絲綢之路

異域風情很搖擺　絲綢之路能開疆

在漢朝以前，中原的食物種類並不豐富。很多今人常吃的食物，那時是沒有的。比如今天東北人飯桌上常見的菜「拍黃瓜」，主料是黃瓜，輔以香菜、大蒜，這道菜在漢朝之前就吃不到。黃瓜古稱「胡瓜」，香菜古稱「胡荽」，大蒜古稱「胡蒜」，都原產於西域。張騫出使西域後，這些「進口貨」才有機會傳入中原。它們傳入中原的道路，就是大名鼎鼎的絲綢之路。

雖然這條道路已經存在了至少二千年，但「絲綢之路」這個名字是近二百年間才有的，而且還是外國人命名的。一八七七年，德國地理學家費迪南・馮・李希霍芬（Ferdinand von Richthofen）在其著作中將從西元前一一四年至西元一二七年間，中國與中亞、中國與印度間以絲綢貿易為媒介的西域交通道路命名為「絲綢之路」。這一生動且洋氣的名字，很快為學界所接受，也在中國傳播開來。

實際上，中原通往西域的道路在先秦時期就有了。中東的青銅冶煉技術、小麥等農作物、黃牛等家畜，就是通過這條道路傳入中原的。商朝時，這條道路上已經有了商貿往來。最受中原人歡迎的西域物產，是產自新疆的和田玉，很多中原墓葬都有出土。中原通往西域的門戶叫「玉門」，這個名字很可能就源於玉石貿易。西漢時，張騫出使西域，使這條道路更加暢通，成為東西方貿易和文化交流的大動脈。此時，在這條道路上最有影響力的商品，莫過於中國生產的絲綢，所以李希霍芬稱它為「絲綢之路」。當時的羅馬人瘋狂地迷戀中國絲綢，一磅絲綢可以賣到十二兩黃金的天價。為了防止黃金大量外流，羅馬帝國甚至曾下令禁止購買中國絲綢。

中國絲綢名揚西方的同時，很多西方的物產也通過絲綢之路傳入中國。古代的中原人稱域外為「胡」，所以這些「進口貨」的中文名字中多帶有胡字。除了拍黃瓜這道菜裡的胡瓜、胡荽、胡蒜外，還有胡麻（黑芝麻）、胡豆（蠶豆）、胡椒、胡蘿蔔等。可以說，凡是名稱帶有「胡」字的物品，基本是從西域傳入的，「胡」字是它們原產地的標籤。「胡物」在古代是不折不扣的「進口貨」，很受人民大眾歡迎，上層社會更是趨之若鶩。東漢的漢靈帝就是一個「崇洋媚外」的「胡物狂」，瘋狂迷戀胡服、胡帳、胡床、胡坐、胡飯、胡笛、胡舞等。胡舞又稱「胡旋舞」，是一種西域舞蹈，舞蹈動作中多旋轉與搖擺，真的是「異域風情，搖擺至上」。胡旋舞一直流行到唐朝時，安祿山和楊貴妃都擅長此舞。

絲綢之路開通後，為了維護道路暢通和保護往來使者與商人的安全，漢朝開始在西域駐軍，這讓不少國家感覺受到了威脅。也難怪人家害怕，漢武帝的確太狠了。他聽說西域大宛國盛產汗血寶馬，就派使者帶著黃金製成的金馬前去交換。對於這種核心物產，大宛國怎麼可能交換？漢朝使者被拒絕，就把大宛國國王臭罵了一頓。這國王也是個愣頭青，竟然指使附庸的郁成國截殺了漢使。不可一世的漢武帝，怎能嚥下這口氣？他立即派李廣利將軍西征大宛。這一戰，漢軍遭到西域多國抵制，打得異常艱難。後來，漢軍以斷水的方式圍困大宛都城，逼迫大宛國國民殺了國王，開城投降。隨後，漢朝扶植了一個傀儡國王，降伏了大宛。這場戰爭中，郁成國國王的腦袋被漢軍砍下，輪臺國因拒不臣服而被漢軍屠滅。漢武帝一生中滅掉了西域五個國家，用刀劍樹立了漢朝在西域的威望。為了加強對西域的直接管控，西元前六〇年，西漢政府在烏壘城設立了西域都護府，作為管理西域的軍政機構。這標誌著西域納入漢朝版圖。

西漢末年，政局混亂，匈奴再次控制了西域。東漢建立後，漢明帝派班超出使西域，想要奪回對西域的控制權。班超到了鄯善國，剛開始，他受到了國王的禮遇，沒過幾天，鄯善國王的態度突然變得冷淡。班超心裡直嘀咕，事出反常必有妖。經打探得知，原來是匈奴的使者也來鄯善國了，國王在歸順漢朝還是歸順匈奴的問題上有所猶豫。班超感到事態緊急，迅速召集部下，正所謂「不入虎穴，焉得虎子」，班超認為他們必須馬上行動，擊殺匈奴使者！當晚，班超放火燒了匈奴使者的營帳，匈奴使者要麼被燒死，要麼被殺死。第二天，班超請鄯善國國王來看匈奴使者的屍體。國王大驚，立即表態要歸附漢朝，還主動把王子送到漢朝做人質。相較於李廣利耗費國力征討西域，班超憑藉三十六人的使節團便取得了巨大成果。後來，漢朝重建西域都護府，班超擔任都護。班超經營西域三十一年，維護了漢朝在西域的權威。其間，他還派手下甘英出使大秦（羅馬帝國）。雖然甘英最終止步於波斯灣，沒能到達大秦，但此行開通了中原通往西亞的路線。

漢朝時，與陸上絲綢之路同時存在的，還有海上絲綢之路[1]。從漢朝到唐朝，對外交通路線中，陸路遠盛於海路。從宋朝開始，陸上絲綢之路逐漸衰落。一是因宋朝失去了對河西走廊的控制權，陸路不再暢通；二是因為宋朝造船業與航海技術十分發達，海路更具優勢。四五百年後，歐洲人開啟了全球的海洋時代，陸上絲綢之路不可逆轉地走向衰敗。往事越千年，現在的絲綢之路，只剩下沿線的石窟遺址和古城的斷壁殘垣，似乎仍在述說著昔日的輝煌。

1 海上絲綢之路分為南、北兩線。北線從山東沿海出發，穿過黃海，可達朝鮮半島和日本。南線從東南沿海出發，經中南半島南下，繞過馬來半島，穿過麻六甲海峽，最遠可達印度和斯里蘭卡。

38 漢武帝的經濟政策

鹽鐵官營歛民財 均輸平準中間商

漢武帝是一個奢靡多欲的皇帝，素來放縱不羈愛折騰。他平生有三大喜好——權力、戰爭、享樂。喜好權力，他空前地加強了中央集權，實現了大一統；喜好戰爭，他打遍天下無敵手，在位期間對中國疆域的拓展極具開創意義；喜好享受，他大興土木[1]，求神尋仙，遠超後世歷代皇帝。然而這些喜好都很費錢，即便是一個皇家「富四代」，漢朝的家底也被他花光了。為了搞錢，繼續自己的帝王事業，同時也為了加強對經濟的管控，漢武帝想出了許多斂財的新點子，為此推行了一系列的財經新政策。

首先，中央壟斷鑄幣權，統一鑄造五銖錢。秦始皇雖然統一了貨幣，但並未壟斷鑄幣權，地方可以自行鑄造貨幣。漢初也延續了這一政策。大家可能會疑惑：這不就是造假幣嗎？還真不是。銅錢用銅鑄造，銅本身就有價值。秦半兩，因含銅半兩得名，半兩為十二銖。所以，只要用十二銖銅來鑄造銅錢，就不是假幣。漢初，大家覺得含銅十二銖的錢太重，日常交易不是很方便。所以，漢初鑄造了重五分的銅錢，外圈像榆樹莢一樣單薄，民間俗稱「莢錢」，有些窮酸。漢文帝時，漢朝又鑄造了四銖錢，外觀看起來就厚重多了。

允許民間鑄幣，奸商就有各種「腦洞大開」的發財路數。最常見的方法，是用銼刀在舊銅錢上銼下銅屑，再將銅屑積攢起來，鑄造新的銅錢，以實現「無中生有」。磨損的銅錢變薄了，幣值就會降低，而這會造成幣值混亂和嚴重的通貨膨脹。最厲害的是自己開礦煉銅，然後鑄幣的，這就像有了印鈔機一樣。有的王國便是如此，有了錢，也就有了底氣，所以敢和中央對抗。七國之亂的主角吳國，其鑄造的錢幣就通行全國，時人稱「吳、鄧錢布天下」。面對民間鑄幣造成的經濟混亂，漢武帝收回了鑄幣權，統一由

1　美國學者魏特夫有一個著名論斷：東方專制社會的統治者，都是偉大的建設者。這一論斷之於漢武帝，恰如其分。即位次年，他就開始了陵寢修建工程。歷代帝王陵寢，除宋朝以外，多是從皇帝即位就開始修，一直修到皇帝駕崩為止，不允許提前完工，直到皇帝「入住」。漢武帝「超長待機」，陵墓修了半個多世紀。他的茂陵，是漢代帝陵中規模最大、修造時間最長、陪葬品最豐富的一座，據說被盜掘了至少五次。死了都要享受，活著時更不在話下。漢武帝曾為自己建了一個超級遊樂場，名曰上林苑。上林苑中的遊樂設施俱全，如演奏音樂的宣曲宮、觀看賽馬的走馬觀、觀賞魚鳥的鳥魚觀、飼養大象的觀象觀、栽種奇花異木的扶荔宮。上林苑裡水流環繞，其中著名的昆明池，是漢武帝為了征服西南夷的昆明國，用於訓練水軍而開鑿的，比杭州西湖的兩倍還大。後來水軍沒怎麼訓練，昆明池倒成了漢武帝的私家池塘。北京的頤和園有一個「昆明湖」，乃當年乾隆效仿漢武帝而命名的。

中央鑄造新的銅錢。這種新錢重五銖，因而稱五銖錢。五銖錢外觀精緻，幣值穩定，在中國流通了七百餘年，一直用到唐朝時。後世的歷代王朝也都效仿漢武帝，由中央壟斷鑄幣權。這樣做，不僅能增加中央的財政收入，還能控制國家的經濟命脈。

光收回鑄幣權遠遠不夠，漢武帝還需要一些快速撈錢的辦法，把老百姓的錢也弄到手裡。因此，著名的「鹽鐵官營」政策應運而生。鹽是老百姓日常生活的必需品，消費量巨大，也因此，販鹽是古代最賺錢的買賣之一。漢武帝下令，鹽業今後由官府壟斷，民間商人不得涉足。隨後，政府在每個郡都設置鹽官，負責鹽的生產與銷售。與鹽業同時被壟斷的還有鐵業，酒業後來也加入進來。就這樣，靠官府壟斷專賣，漢武帝徹底賺翻了。然而，壟斷也使行業失去了競爭，導致生產效率低下，產品品質極差。官營的鹽，不僅價格高，味道還很苦；官營的鐵器，質地粗糙，用來割草都費勁。民眾對鹽鐵官營政策怨聲載道，有的老百姓吃不起鹽，靠吃土嘗鹹味。

漢武帝很鄙視商人，認為他們倒買倒賣賺差價很不要臉。這種重農抑商的思想，在帝制時代是主流。為了搶商人的生意，漢武帝頒布了「均輸」和「平準」政策。漢朝在各地徵收的賦稅以實物為主，這些物資運輸到中央，路上會有損耗，運費也很高。大臣桑弘羊為此制定了均輸政策：地方的實物賦稅主要徵收當地的土特產，然後將其運到價高的地方售賣，折現後再交到中央。打個比方，吉林收稅，只收特產人參，然後將人參販運到上海高價出售，最後將賣得的錢交到中央。這樣一倒手，國家財政收入暴增。同時，漢朝還在京師設立了平準官，負責管理各地均輸過來的物資。當某項物資價格低的時候，平準官就大量買進囤積；當其價格高的時候，平準官就大量拋售。低價買，高價賣，既穩定了物價，又賺了錢，還讓商人紛紛哭暈。

為了撈錢，漢武帝特別重用兩類官員。一類是斂財能手，如前面提到的桑弘羊，富商家庭出身，從小就擅長心算，滿腦子都是賺錢的方法。漢武帝任用他做搜粟都尉，他一手策畫出了若干斂財政策。漢武帝重用的另一類官員是執法酷吏，他們專門按照漢武帝的意志執行法律政策，不聽話就收拾你。兩類官員相互配合，一個出主意，一個抓落實，相得益彰。桑弘羊推行「算緡」政策，也就是對部分民眾徵收財產稅。先讓他們自己申報財產，然後相應地徵稅。商人每二千錢財產納稅一算，手工業者每四千錢財產納稅一算；家裡有車的，每輛車徵收一算，商人的車加倍；有船的，五丈以上的船，每船也要徵收一算。許多人為了逃稅，就隱匿瞞報財產。別著急，桑弘羊又無縫銜接地推出了「告緡」政策：凡是舉報他人逃稅的，逃稅者家產沒收，告發者可以獲得其一半家產的獎勵。告緡政策一推出，就輪到酷吏大顯身手了。他們奉旨抄家，毫不留情。漢朝中產以上的家庭大多破產。

漢武帝的斂財政策，獲得了巨大的收益。既加強了中央集權，又增加了政府收入，為漢武帝的諸多事業奠定了經濟基礎。然而，這種成功，建立在對民眾瘋狂斂財的基礎上。國富與民富，需要二者兼顧，缺一個，國家都不能長治久安。顯然，漢武帝只注重前者，註定不能持久。

39 罷黜百家，獨尊儒術

外儒內法董仲舒 獨尊儒術罷百家

漢初，統治者尊崇道家黃老學說，用無為而治的思想治理社會。用今天的話來說，就是「佛系治國」，順其自然。「佛系」政策之下，思想領域也比較自由，諸多學派放飛自我，彷彿又回到了百家爭鳴的先秦時代。漢武帝親政後，放棄了無為而治的思想，追求大一統。所謂大一統，《漢書》解釋為「六合同風，九州共貫」，即國家各個領域都實現整齊劃一，權力高度集中於皇帝一尊。在這種情況下，思想領域自然也要大一統。

那麼，用什麼思想搞大一統呢？顯然，道家學說出局了。因為它太過「佛系」了，不適合漢武帝管天、管地、管空氣的權力欲望，也與大一統的本質背道而馳。按理來說，法家思想維護中央集權和君主至上，最適合用來搞大一統。可是秦朝無節制地使用法家思想，民眾深受其害，法家的名號幾乎和暴政畫上了等號。如果漢武帝繼續標榜法家思想，無異於向世人宣示自己就是「秦始皇第二」，自己就是暴君。漢武帝很聰明，他需要一種聽起來很親民，而本質上又維護君主專制的思想學說。儒生董仲舒看透了漢武帝的心思，他順勢而為，把儒家思想改造成了漢武帝需要的樣子，即大一統思想。

實際上，先秦的儒家思想，並不適合君主專制制度。無論是孔子的「德政」學說，還是孟子「仁政」理論，都主張約束統治者，都宣揚以民為本，頗有近代民權思想的味道。孔孟的儒家學說，都要求統治者先做一個正人君子，然後百姓才會擁戴信服。如果統治者是一個無道暴君，民眾就不需要服從，甚至應該反抗。對君主而言，孔孟的儒家思想是一個「緊箍咒」。董仲舒明白，這種儒家思想一定不會被漢武帝喜歡。漢武帝需要的是民眾無條件擁戴服從，哪怕自己就是個暴君，民眾也要把他當作聖君明主來崇拜與服從。想要漢武帝接受儒家思想，就需要先對儒家學說進行改造。為此，董仲舒給儒家學說注入了很多新內容。

首先，董仲舒以儒家的德政為基調，吸收了法家的刑罰理論，提出了「德主刑輔」的主張。它類似「胡蘿蔔加大棒」策略，先跟你講仁義道德，不管用，就用大棒捶你。其次，董仲舒還吸收了道家的「天人合一」觀念和陰陽家的「陰陽災異論」，提出了「天人感應」理論。其核心內容有兩點：首先是天人一體，皇帝是天子，代表上天統治百姓，君權神授，必須服從；其次是天和人可以互相感應，如果皇帝倒行逆施，上天就會降下災禍。天人感應理論用近乎宗教的邏輯，要求民眾順從統治者，同時引導統治者善待民眾。董仲舒改造後的儒家思想，是雜糅了各家學派的綜合性理論。

改造完了儒家思想後，董仲舒還不滿足，他認為「人異論，百家殊方，指意不同」

的思想自由局面很混亂，不利於大一統。他建議將儒學確立為漢朝官方思想，其他學派應該「皆絕其道，勿使並進」。董仲舒的想法很合漢武帝的口味，很快就被採納。歷史上稱這件事為「罷黜百家，獨尊儒術」。從此，儒學被確立為漢朝正統思想，並被後世王朝沿襲，持續了兩千年。

漢武帝的「罷黜百家，獨尊儒術」與秦始皇的「焚書坑儒」在本質上是一樣的，都是思想專制政策，但在具體的手段上，前者更為高明。秦始皇只會實行「大棒捶你」的威逼，而漢武帝懂得如何用「胡蘿蔔」利誘。為了引導知識分子學習儒學，在董仲舒的建議下，漢武帝興辦了中央最高學府——太學。以儒家五經為教材，經過考核後可以授官，實現了「學而優則仕」。這一辦法，將儒學與做官聯繫起來，不僅為朝廷培養了人才，還讓知識分子主動洗腦，將儒學推向了主流價值觀的位置。

然而，經過董仲舒改造後的儒家思想，已經和本初的儒家思想相去甚遠。孔子講「君君，臣臣，父父，子子」，意思是說：只有君王像君王的樣子，臣下才能像臣下的樣子；只有父親像父親的樣子，兒子才能像兒子的樣子。

孟子講：

> 君之視臣如手足，則臣視君如腹心；君之視臣如犬馬，則臣視君如國人；君之視臣

如土芥，則臣視君如寇仇。[1]

大意是說君主有德，臣民就服從；君主失德，大家就該推翻他。實際上，孔、孟都強調權利和義務的對等性，並非臣民單方面地服從。到了董仲舒這裡，變成君權神授，並不強調權利和義務的對等性了。董仲舒甚至將孔子的理論改為「君為臣綱，父為子綱，夫為妻綱」的「三綱」理論，強調下層對上層的無條件服從。另外，「罷黜百家」的做法本身就不符合孔子的價值觀。孔子認為「三人行，必有我師焉」，從來沒有說過「儒家天下第一」，更沒有要求罷黜其他學說。所以，董仲舒的儒學不是真正的儒學，而是一種「儒術」。它表面上是儒家的仁義道德，骨子裡卻是法家的權術思想，因此後世稱之為「外儒內法」。之所以披上儒家的外衣，是因為這樣看起來很美，能夠唬人。

武帝朝有個大臣叫汲黯，在當時就看透了「儒術」，還指出漢武帝心裡欲望很多，只在表面上實施仁義。[2]近代新文化運動時期，國人對儒家學說展開了猛烈批判，甚至提出了「打倒孔家店」的口號。冷靜審視，我們會發現，儒家的問題並不在孔孟，而在董仲舒。「董儒」，並非真儒。

1 出自《孟子・離婁下》。
2 陛下內多欲而外施仁義，奈何欲效唐虞之治乎？（《史記・汲鄭列傳》）

40 漢武帝的晚年

動亂暗湧巫蠱禍　輪臺罪己免秦亡

漢武帝在位半個多世紀，四面出擊，雷霆萬鈞，在政治、經濟、文化、軍事各個領域都實現了大一統。然而，大一統的社會，其代價也是巨大的。連年的對外戰爭和斂財政策，讓民眾苦不堪言。戰爭不僅破壞經濟，還會死人，且死的絕大多數都是平民百姓。表面光鮮的戰功背後，隱藏的是那個時代人民的悲慘境遇。《漢書》記載，漢武帝「師出三十餘年，天下戶口減半」。如此恐怖的人口非正常死亡現象，古今罕見。他們有的戰死沙場，暴屍荒野；有的忍受饑荒，餓殍千里。為了帝國的榮耀，漢武帝不惜一切代價。而這代價，恰是生如螻蟻的黎民百姓。

活不下去的老百姓，有的落草為寇，有的揭竿而起。漢武帝後期，爆發了多場農民起義，都城長安城附近也時有發生。對此，漢武帝予以無情的鎮壓。有的大郡，一次性就斬殺了起義軍萬餘人。為了督促地方官緝捕盜賊，漢武帝還頒布了《沉命法》，規定凡二千石以下至小吏察捕不力者，皆處死刑。地方官很害怕，經常發現盜賊也不上報，甚至讓起義的事態擴大，將其推給上一級的官吏負責。這種「諱盜」的情況不斷變多，導致盜賊越捕越多，起義規模越來越大，更是加劇了社會的混亂。

漢武帝在個人生活上也有諸多過失。除了奢靡享樂外，他還迷信鬼神。漢朝的建國功勳多是楚人，楚文化較迷信鬼神。受到祖輩影響，外加追求長生不老，漢武帝養了很多方士。這些方士自稱能訪仙煉丹，以求長生不老；實際上，多是靠騙術為生。漢武帝曾經寵信一個叫少翁的方士，他擅長召喚鬼神。漢武帝讓少翁召喚愛妾王夫人的亡魂，他還真的做到了！相傳，少翁把燭光照射到帷帳上，帷帳上真的出現了王夫人的影子。漢武帝看到王夫人的「亡魂」，瞬間「破防」，相顧無言，唯有淚千行。其實，少翁是耍了皮影的把戲，裝神弄鬼、烘托氣氛罷了。後來，少翁和漢武帝出行，又耍起了鬼把戲。他看見了一頭牛，就指著牛肚子說裡面有奇異之物。漢武帝很驚詫，命人將牛殺掉。果然，在牛肚子裡發現了一卷帛書。這一次，少翁玩砸了，有人認出了帛書上的字正是少翁所寫。明白自己被耍了，漢武帝大怒，處死了少翁，還封鎖消息，以掩蓋自己的愚蠢。因為迷信鬼神，漢武帝還痛失太子，造成了漢武帝晚年最嚴重的政治動亂——巫蠱之禍。

所謂巫蠱，是一種古老的詛咒巫術。在偶人上寫某人的名字，再埋入地下，詛咒其遭遇災禍或死亡。皇后阿嬌失寵後，漢武帝轉向了歌女衛子夫，阿嬌就用巫蠱詛咒衛子夫，被漢武帝廢掉了后位。後來，衛子夫被立為皇后，漢武帝對她百般恩寵。衛子夫的弟弟衛青被封為大將軍，其外甥霍去病也是一代名將。衛子夫母儀天下三十八年，為漢室生育了一子三女，長子劉據七歲就被立為太子。劉據的性格與漢武帝迥然不同，漢武帝嚴厲冷酷，劉據卻寬厚溫和，經常為一些處罰過重的案件開恩典。許多大臣（「寬厚長者」派）逐漸環繞在太子周圍，時間久了，朝廷中形成了兩股政治勢力：漢武帝身邊的「深酷用法者」和太子身邊的「寬厚長者」。前者支持擴張，後者提倡守文，彼此針鋒相對。漢武帝晚年時，用法酷吏們對前途產生了擔憂，他們害怕太子繼位後，自己會受到清算。恐懼演變成攻擊，這些人對太子展開了政治進攻，期望扳倒太子。漸漸地，漢武帝與太子產生了嫌隙。在這樣的背景下，巫蠱之禍發生了。

漢武帝晚年身體欠佳，酷吏江充趁機誣陷太子用巫蠱詛咒漢武帝，江充還在太子宮中挖出了巫蠱偶人。太子忍無可忍，情急之下起兵反抗。可太子哪裡是漢武帝的對手？最終，太子兵敗自盡，衛皇后也自殺了。數年之後，漢武帝想明白了，太子應該是被冤枉的。為了報復，他又屠殺了一批陷害太子的人。此時江充已死，還是被滅了三族。巫蠱之禍導致數萬人死亡，受牽連者更多，造成了嚴重的政治動盪。

百姓生活困苦，民間盜賊成風，朝廷動盪混亂。這一切，使漢武帝朝後期出現了當年秦朝亡國的跡象，漢武帝也坦誠地承認，並稱之為「亡秦之跡」。

江山歲月五十年[1]，曇花一現轉瞬逝。曾經意氣風發的少年天子，今已是風燭殘年的白髮老人。當生命進入最後的時光，漢武帝內心有些空蕩。他時常想起衛子夫和太子劉據，還為此修建了一座「思子宮」。漢武帝幡然醒悟，認識到漢朝再折騰下去就廢了，太子的守文路線更適合今後的歲月。他醒悟得並不晚，臨終前，他讓狂奔了數十年的「大漢列車」及時地降了車速。他拒絕了桑弘羊在輪臺屯兵的奏議，並趁機下達了「罪己詔」，向天下檢討自己的過失。在詔書中他說：

朕即位以來，所為狂悖，使天下愁苦，不可追悔。自今事有傷害百姓，靡費天下者，悉罷之！

以《輪臺罪己詔》為標誌，漢朝治國路線從「尚功」調整為「守文」。這一轉變，將漢朝從鬼門關拉回，避免了亡秦悲劇的重演。

漢武帝的一生，是古代大一統帝王的標竿。為建功立業，他威加四海，也耗盡民力。可謂其功也大一統，其過也大一統。然而，他晚年能不惜君主威嚴而檢討自己的過失，這種超凡的勇氣和政治智慧，也著實令人欽佩。漢武帝終其一生，雖有亡秦之過，卻免於亡秦之禍，仍不失為一個明智之君。

---

1 漢武帝在位五十餘年，共用了建元、元光、元朔、元狩、元鼎、元封、太初、天漢、太始、征和、後元這十一個年號。

41 昭宣中興

立子殺母託霍光　昭宣中興回守成

漢武帝在晚年看到了國家的窘境，但已沒時間去改變了。人生已到盡頭，漢武帝只能寄希望於後人。他要為自己的後事做出安排，讓漢朝重回正軌，這也是漢武帝對江山最後的一絲眷戀。

漢武帝一生愛美色，可惜生育能力不佳。活到七十歲，只生了六個兒子。這一點，漢武帝就不如他的哥哥中山靖王劉勝。劉勝一輩子生了一百二十多個兒子，生育能力很強。漢武帝倒是很長壽，僅有六個兒子，還熬沒了三個。也許是老年得子的緣故，剩下的三個兒子，漢武帝最喜歡幼子劉弗陵，說他很像小時候的自己。漢武帝想讓年幼的劉弗陵繼位，可有些不放心。一是因為劉弗陵的母親鉤弋夫人還很年輕，「子弱母壯」，漢武帝擔心她會像當年的呂后那樣專權，甚至今後給自己戴綠帽子。臨終前，漢武帝狠下心處死了鉤弋夫人。鉤弋夫人披頭散髮地祈求漢武帝饒恕，漢武帝決絕地說：「快走，你不能活！」最是無情帝王家，踩著母親的屍體上位，劉弗陵的心理陰影一定很嚴重。另外，漢武帝還擔心劉弗陵太小，又為他精心挑選了四位託孤大臣來輔佐。首席託孤大臣霍光，是霍去病的弟弟；還有桑弘羊，就是那個斂財能手。漢武帝命人畫了一幅畫送給霍光，內容是周公背負幼年的周成王召見諸侯，囑託他要像「周公輔成王」那樣輔佐劉弗陵。在給兒子鋪好了後路之後，漢武帝於西元前八七年駕崩，結束了激蕩而恢宏的一生。同年，劉弗陵繼位，是為漢昭帝。

漢昭帝幼齡即位，治理朝政全憑輔政大臣。霍光想要全面推行守文路線，卻遭到了桑弘羊一派的反對。這一派官員信奉漢武帝朝的擴張政策，還想保留一些大一統的內容，如屯田戍邊和鹽鐵官營。霍光派與桑弘羊派的對立，既是守文與擴張的治國路線之爭，也是兩位輔政大臣的權力之爭。經過深思熟慮，霍光決定用民間輿論打擊桑弘羊集團，這便有了史上著名的「鹽鐵會議」。

西元前八一年，霍光召集各地「賢良」「文學」六十餘人來長安開會，討論漢武帝時期的各項政策，尤其是鹽鐵專營。漢朝的「賢良」「文學」，是指察舉制度[1]下的各地候選官員。他們代表地方利益，信奉儒家學說。武帝一朝，各地方被大一統政策折騰得夠嗆。所以，這些「賢良」「文學」在會上群情激憤，對大一統政策展開了全面而猛烈的批判。桑弘羊成了眾矢之的，被持續「狂噴」。鹽鐵會議持續了近半年，會議記錄後來被整理為《鹽鐵論》一書。透過鹽鐵會議，霍光和守文路線獲得了全面勝利，漢武帝的諸多苛政之策被取消或限制。輕徭薄賦再起，休養生息繼續，漢朝又回到了文景時期的歲月靜好。鹽鐵會議第二年，桑弘羊卻因謀反事件牽連，被滅族。

漢昭帝在位十三年後駕崩，年僅二十一歲。漢昭帝沒有子嗣，霍光選立漢武帝之孫——昌邑王劉賀繼位。根據漢朝的相關文獻記載，劉賀荒淫無道，在位二十七天，犯下了一千一百二十七個錯誤，平均每天犯錯四十一次。無奈之下，霍光將劉賀廢黜為侯，也就是近年因奢華墓葬而名聲大噪的海昏侯[2]。實際上，劉賀被廢的真實原因可能是他想要親政，而這威脅了霍光輔政的地位。劉賀從封國帶來了二百多名隨從，想要全面掌控朝政，這是霍光絕不能接受的。至於一天犯錯四十一次，這只不過是勝利者誇張的政治宣傳罷了。商朝的伊尹曾經流放過商王太甲，霍光也廢黜了皇帝，後世稱這樣的權臣為「伊尹、霍光之臣」。

劉賀被廢後，霍光又選立劉詢繼位，是為漢宣帝。劉詢是漢武帝的廢太子劉據的孫

1　察舉制是漢朝最重要的選官制度，由地方官員在轄區內考察人才，然後定期向朝廷推薦。察舉分「賢良方正」「文學」「明經」等若干科目。東漢時，舉孝廉成為最主要的科目，郡國每年一舉，大約每二十萬人舉一人。「孝廉」本意指「孝子廉吏」，現實中多是精通儒學的高官及富豪子弟，出仕後升官較快。

2　雖然皇帝做不成了，但劉賀的餘生依然享盡榮華富貴，還獲封了海昏侯之爵位。二〇一一年，海昏侯墓被考古發掘，出土陪葬品一萬多件，光是金器就有一百一十五公斤。

子，一直流落在民間，有著豐富的社會閱歷。有了劉賀這一前車之鑒，漢宣帝表現得很是配合，他事事都聽從霍光的意見，處處隱忍恭敬。唯有立后一事，漢宣帝沒有聽從。霍光想讓自己的女兒當皇后，漢宣帝婉拒，立了自己的結髮妻子許平君為后。這讓霍家很生氣，霍光的妻子收買了宮中的醫生，將許平君毒死，霍光的女兒如願登上了皇后寶座。這一血債，漢宣帝看在眼裡，記在心裡。霍光死後，漢宣帝親政，迎來了復仇的機會。他將霍家滿門抄斬，霍皇后也被廢黜。歷史上權臣的下場，要麼像霍光這樣最終被清算，要麼像曹操那樣直接篡權。最後能以人臣身分善終的，少之又少。

雖然清算了霍光的勢力，但在治國政策上，漢宣帝並未改弦更張，繼續走守文路線。漢宣帝治國比較人性化，他改革了「首匿罪」。「首匿罪」是指若藏匿罪犯，會被處以重刑；哪怕是自己的親人犯罪，也必須檢舉揭發。漢宣帝下詔修正：

> 子首匿父母，妻匿夫，孫匿大父母，皆勿坐。

也就是說，親人之間不必互相揭發，這維護了人倫底線。在現代社會許多文明國家通行的司法實踐中，我們仍可以看到「親親相隱」的影子。在美國，嫌疑人親屬就有拒絕做證的特權。這樣較為進步的司法原則，中國在二千多年前的漢宣帝時代就已經出現，不得不說是劃時代的進步。

漢昭帝、漢宣帝兩朝，堅定地走著霍光的守文路線。政治上整頓吏治，經濟上輕傜薄賦，外交上也基本維持了與匈奴的和平關係。很快，漢朝的社會就恢復過來了，穀價降到每石五錢，老百姓又過上了吃飽飯、不折騰的好日子。歷史上稱這一時期為「昭宣中興」。

42 西漢後期的政治

元成哀平多奇葩　異姓受命漢要亡

皇帝要想坐穩江山，關鍵在於治國路線選用得當。諸多治國理念中，法家路線可以有效加強皇權，但用過頭了，老百姓會受不了，最後官逼民反。反過來，一味用儒家的寬仁治國，臣民會很舒服，但不安分的勢力會膨脹，最後皇權會被削弱。所以，善治國者，會在儒、法之間適時調整，伺機而動。這一點上，漢宣帝堪稱完美的切換大師。

漢宣帝是個成熟穩重的男子，早年經歷過民間疾苦，即位後又長期忍辱負重，因而有著豐富的政治經驗。他的治國手法非常嫻熟，既能用儒家思想維護人倫道德，又能在皇權遇到威脅時毫不手軟地使用法家思想來整肅異己。前者如「親親得相首匿」原則的確立，後者如誅殺霍光滿門。在儒、法路線之間，漢宣帝切換得遊刃有餘，完全掌控了局勢。與漢宣帝的成熟穩重不同，他的兒子漢元帝卻是個「傻白甜」皇帝。

漢元帝是漢宣帝和結髮妻子許平君所生的兒子，以嫡長子的身分早早被立為太子。漢元帝自幼長在宮中，不僅衣食無憂，還受到萬眾矚目。在順境中長大的他，沒有老爹那麼多的實戰經驗，也看不透人性的複雜與政治的險惡。《漢書》說漢元帝「柔仁好儒」。

當太子的時候，他就向父親建議，治國要多用儒生，少用刑罰。漢宣帝聽了後訓斥道：

漢家自有制度，本以霸王道雜之，奈何純任德教，用周政乎！[1]

「霸道」是法家，「王道」是儒家，漢宣帝是在告誡兒子二者要雜糅相濟。看到兒子這樣「傻白甜」，漢宣帝料定今後「亂我家者，太子也」，但念及對亡妻許平君的感情，漢宣帝並沒有廢掉太子。

漢元帝是個善良的人，發自內心的真善良。這樣的人，如果是普通人，人緣一定會很好。但作為皇帝，就難免會在險惡的政治鬥爭中吃虧。漢元帝即位後，用天真治國，放任各方勢力坐大，自廢了漢朝的武功。為了懷柔關東豪強，他放棄了漢初以來的豪強遷徙政策，以至於豪強勢力在地方膨脹。漢元帝還重用宦官，因為他認為宦官沒有家室，不會結交外黨。結果，宦官勢力崛起，並且與外戚勢力勾結。漢元帝在位時期，皇權逐漸旁落，為後來外戚王莽篡漢埋下了禍根。

漢元帝在位十六年，四十三歲時駕崩。他的兒子劉驁繼位，是為漢成帝。漢成帝還

1 出自《漢書・元帝紀》。

不如他的父親，即位前就已沉迷酒色，即位後更加荒淫無道。被稱為「古代四大美女」之一的趙飛燕，就是漢成帝的皇后。趙飛燕本是歌女出身，沒有母儀天下的德行。且趙飛燕嫉妒心極強，自己不孕不育，也不允許後宮其他女子生育。後宮的女子一旦懷孕，就會遭到她的迫害，以致漢成帝其子女皆被殘害而終身無嗣，史稱「燕啄皇孫」。終日忙於享樂的漢成帝，也沒有時間治國理政，一切都交給外戚處理。這股外戚勢力，是王太后身後的王氏家族。

漢成帝死後無子，侄子繼位，是為漢哀帝。漢哀帝上臺之初，還頗有作為，可沒多久便「腐」化了。漢哀帝也很好色，不僅好女色，也好男色。古代不少皇帝都喜好男風，尤以漢、明兩朝為甚。倒是唐、元、清這樣胡風較重的王朝，皇帝性格彪悍，不太喜歡陰柔的小白臉。漢哀帝迷戀一個叫董賢的男寵，甚至公開「出櫃」。一日，二人躺在宮中的床榻上午睡，董賢枕在漢哀帝的衣袖上。漢哀帝醒來後，不忍打擾熟睡中的董賢，便用寶劍割斷了衣袖，方才起床。此事之後，「斷袖之癖」就成為古代男同性戀的代名詞。漢哀帝愛董賢愛到癡迷，一度想將皇位禪讓於他，可謂「愛美男而不愛江山」。依仗著皇帝的寵愛，董賢大肆貪腐。漢哀帝當了六年皇帝便駕崩了，董賢被罷官後自殺。董家最後被抄賣，財產高達四十三億錢。

漢哀帝也沒有留下子嗣，他的堂弟劉衎繼位，也就是九歲的漢平帝。相較於之前的三位皇帝，漢平帝倒也沒做什麼壞事。因為他還沒來得及幹什麼，便在十四歲駕崩了。

元、成、哀、平四帝，可謂一個不如一個。一個「傻白甜」，一個貪戀美色，一個「公開出櫃」，一個早早夭亡。雖然生活上奇葩，政治上毫無建樹，他們卻也沒有像漢武帝那樣使勁折騰老百姓。半個多世紀的時間裡，百姓的生活總的說來還算安穩，漢朝的人口數量持續增加。漢平帝時，全國人口數量接近六千萬，這是西漢人口數量的頂峰。隨著人口激增，各種社會問題也出現了，最大的問題便是土地兼併問題。承平日久，土地逐漸集中在少數地主豪強手裡，社會的貧富差距越來越大。此時的社會，既沒有漢初時的樸素作風，又缺乏漢武帝時的開拓精神。整個社會渾渾噩噩，各階層普遍都存在著迷茫情緒，以至於對漢朝產生了厭倦之心。受董仲舒「天人感應」理論的影響，漢朝人很相信天命。大家認為，當下這樣的社會狀態，是漢朝氣數已盡的表現。

既然漢朝氣數已盡，那就需要「異姓受命」，改朝換代。所謂「異姓受命」，就是認為上天會再授命一個新天子，讓他建立一個新的王朝，革新天下。那麼，由哪個「異姓」來受命呢？世人的目光逐漸集中到了王太后的侄子身上，這個人叫作王莽。

43 王莽改制

理想主義數王莽 復古改制烏托邦

王莽能夠登上歷史舞臺，進而篡漢稱帝，其淵源要追溯到一件紅色衣服。

當年，漢元帝還是太子的時候，很寵愛司馬良娣。可惜司馬良娣早亡，太子整日鬱鬱寡歡。他的父王漢宣帝很著急，就委託皇后選了五個美女，讓太子挑一個當太子妃。可是太子看完後，只敷衍地回答說，有一個還湊合吧！侍從聽了後一頭霧水，到底是哪一個還湊合呢？大家分析：離太子最近的那個女孩，穿了件紅色衣服，感覺很是「小清新」，應該就是太子說的還湊合的那個。後來，這個女孩成了漢元帝的皇后，之後又當上了太后、太皇太后。她八十四歲高齡去世，母儀天下六十多年，熬過了元、成、哀、平四代皇帝，影響了西漢最後半個世紀的歷史走向。此人就是王莽的姑媽，王政君。

漢元帝死後，王政君成為太后，王氏家族崛起為最大的外戚勢力。王家的男子多被封侯，一個個都沉迷於聲色犬馬。唯有一人與眾不同，依舊過著樸素而低調的生活，此人便是王政君的侄子王莽。漢成帝末年，王莽成了王氏家族的首領，出任漢朝大司馬。漢哀帝死後，王莽又擁立九歲的漢平帝繼位，逐漸權傾朝野。雖然王莽大權在握，但他卻一點也不驕縱。兒子失手殺了奴僕，王莽竟讓他自殺贖罪。古代富貴人家的女子，裙擺較長，會拖至地上，王莽的妻子卻簡樸到「衣不曳地」，大臣們去王莽家拜訪，誤以為莽妻只是個奴僕。王莽在家生活簡樸，對外卻仗義疏財。他經常把自己的俸祿分給手下。災荒時，他還捐出田產救濟災民。王莽還重視知識分子，不僅擴充博士和太學生的名額，還興建萬間太學房舍，改善士人的生活條件。對漢朝宗室和官員，王莽也大加封賞。總之，全國上下都對王莽一致好評，盛讚他是周公再世。後來，王莽篡漢，後世的評價較為負面，認為他之前的善舉都是偽裝的。然而，一個人若能偽裝到世人皆稱讚的程度，那也是真心不易。

與對王莽的讚譽形成鮮明對比，世人對漢朝卻大失所望。元、成、哀、平四朝，各種社會衝突一直在累積，人們普遍產生了厭漢思緒。受天命觀的影響，大家認為這是漢朝氣數已盡的表現，應該由王莽「異姓受命」，改朝換代。在周禮的嘉禮中，有個「加九錫」之禮，就是天子賞賜給大臣車馬、斧鉞等九種物品，是對臣下的最高禮數。古代的權臣一旦「加九錫」，多半是要篡位了。當時，全國有四十八萬七千五百七十二人上書朝廷，請求為王莽「加九錫」。不久，漢平帝夭亡，王莽代行天子之職，稱「假皇帝」。為了說明自己篡位的合理性，王莽急需相應的天意符讖。這時，太學生哀章偽造了一份天書，上有「莽為真天子」的內容。王莽大喜，封他為高官。隨後，更多的政治投機者獻上符讖和祥瑞，鼓吹王莽應該稱帝。在全社會的呼聲下，西元八年，王莽正式接受禪讓，登基稱帝，改國號為「新」，西漢至此滅亡。

王莽是個理想主義者，他不僅想當皇帝，還想構建一個全新的和諧世界。王莽認為，周朝是儒家心目中最理想的社會。於是，他開始了大刀闊斧的復古改制，要把一切改回周朝的狀態。

王莽改制，主要集中在經濟制度上，特別是土地制度。土地兼併是歷代王朝的死穴，每個王朝承平日久之後，人口就會暴增，土地就會不夠用。每遇天災與變故，小農家庭往往靠出賣土地來應對難關。久而久之，土地就集中到了少數地主手裡，造成土地兼併問題。王莽認為土地兼併的病根在於土地私有制，如果像周朝那樣實行土地公有制，就不存在私人兼併了。於是，王莽模仿周朝的井田制，搞了個「王田制」。他宣布天下土地皆為「王田」，不得私人買賣。如果一家不滿八個男子而占田地超過一井時，必須將多餘的田地分給親族鄉鄰。這種依葫蘆畫瓢的改革，很不切實際。周朝時的生產力水準低下，人口少，土地種不過來，不應該實行私有制，更不存在兼併。可時過境遷，漢朝的生產力水準和土地情況和周朝完全不同。周朝的土地制度非但不能解決漢朝的問題，還引發了更大的社會衝突。王莽宣布土地公有，等於沒收地主的財產，這比漢武帝的斂財政策還招人恨。王莽受《周禮》影響，於長安以及洛陽、邯鄲、臨淄、宛、成都這些當時的「一線大城市」，設置了「五均官」，試圖由政府來制定商品價格。這頗有計畫經濟的味道。這個想法雖好，但嚴重違背了經濟規律。為了增加市場上的貨幣流通量，王莽發行了大額貨幣「金錯刀」，一枚值五銖錢五千。另外，他還發行了金、銀、銅、龜、貝五種幣材所造的多種貨幣。一時間，市場上貨幣種類混亂，換算困難，導致了嚴重的通貨膨脹。

如果說王莽經濟改革的出發點還是好的，是好心辦壞事，那麼其他的改革就是理想主義者的瞎胡鬧了。為了復古或迎合天數，王莽多次更改官名和地名。比如漢陽縣，因帶有漢朝的「漢」字，就被王莽改名為新通縣。有的郡縣地名在短期內被改了五次，讓人民都昏了。在民族關係上，王莽也亂搞一氣。他將少數民族首領由王降為侯，還把東北的高句麗改名為「下句麗」。王莽還重新發起對匈奴的戰爭，使漢匈關係又回到了漢武帝時代。民族關係崩潰，邊境戰爭再起，各族民眾深受其害。

王莽烏托邦式的改革，是理想主義者的歡脫，也必將以悲劇的結尾黯然收場。

44 光武中興

綠林赤眉亡新莽　光武中興續東漢

王莽復古改制，非但沒有創造太平盛世，還把社會推入了萬丈深淵。經濟的崩潰，連年的天災，造成了嚴重的饑荒，漢朝又出現了人吃人的慘象。活不下去的民眾揭竿而起，農民起義大規模爆發了。各支起義軍中，影響力最大的是綠林軍和赤眉軍。綠林軍得名於其根據地綠林山，「綠林」二字也成為後世江湖豪傑的代名詞；赤眉軍得名於士兵都將自己的眉毛染紅。一些地方武裝也趁機起事，劉縯、劉秀的隊伍就是其中的代表。

劉秀出身於漢朝宗室，是劉邦的九世孫。但他的血脈比較遠，劉秀的父親並未封侯，只是一個小縣令。更悲傷的是，劉秀的父親死得還很早，劉秀沒沾上啥光。劉秀少有大志，人生有兩個小目標：一個是娶漂亮老婆，一個是當大官。他夢想中的漂亮老婆，是當地的富家千金陰麗華；他夢想中的大官，是京城的衛戍長官執金吾。劉秀常說：「仕宦當作執金吾，娶妻當得陰麗華。」對一個沒落的「官九代」而言，劉秀若能實現這兩個人生小目標，無異於癩蛤蟆吃了兩隻天鵝。

反王莽起義爆發後，劉秀和哥哥劉縯拉起來一支七八千人的散裝部隊，加入了綠林軍。他們的武器裝備很簡陋，劉秀最初連戰馬都沒有，只好騎牛上陣。儘管底子差，但架不住劉秀會炒作自己的身分。民眾的生活被王莽折騰毀了，都開始思念漢朝。劉秀利用這種思漢情緒，大秀自己的宗室身分，打起了「復高祖之業，定萬世之秋」的旗號。羅貫中寫的《三國演義》中，劉皇叔的人設可能來自劉秀。

西元二三年，王莽的四十二萬大軍與綠林起義軍大戰於昆陽。劉秀身先士卒，率軍衝亂了敵軍陣形，最後以少勝多，取得了決定性勝利。此時的王莽已到窮途末路，卻還沉迷於「天命」的虛幻之中。他率領文武百官到郊外向蒼天哭訴，哭得像個孩子一樣。百官也跟著一起，從白天哭到晚上。哭得好的，還獲得了王莽的封賞。然而，「哭天盛典」未能改變王莽的命運。不久，綠林軍攻入長安，王莽死於混戰之中。他的頭顱被割了下來，被皇室收藏以做警示，直到二百多年後的西晉時期才被焚毀。

新朝滅亡的同年，綠林軍擁立了一位「更始皇帝」，名叫劉玄。不久，綠林軍發生內訌，劉縯被更始帝殺害，劉秀與更始政權決裂。西元二五年，劉秀被部下擁戴稱帝，仍以「漢」為國號。劉秀定都洛陽，因為洛陽在西漢都城長安的東面，所以後世稱「東漢」，也稱「後漢」。劉秀稱帝後，用了十二年的時間陸續消滅了各地的割據勢力。經過了二十多年的戰亂後，天下恢復了統一與穩定。

長期戰亂使東漢人口銳減，史書稱「十有二存」。面對這樣一個殘敗不堪的王朝，開局時劉秀學習西漢開國先祖，也搞起了休養生息政策。他推行輕徭薄賦，恢復發展生產，還多次釋放奴婢為庶人，增加自由勞動力。為了打擊地主豪強隱匿奴婢和土地數量的行為，劉秀頒布「度田令」，徹查全國的人口和土地。這既限制了地主豪強勢力，也增加了國家賦稅收入。劉秀還提高奴婢的法律地位，指出「天地之性人為貴」，規定殺奴婢的人不得減罪。奴婢的命也是命，劉秀的做法頗有普世情懷。

政治上，劉秀則加強中央集權。漢武帝時，朝廷分為內朝和外朝。內朝官員多是皇帝的親信，級別低但權力大，以制衡外朝大臣。劉秀進一步發揮內朝的作用，將重大事務交由內朝的尚書台決策，外朝的三公只負責監督執行，這就是「雖置三公，事歸台閣」。對於幫助他打天下的功臣集團，劉秀沒有像劉邦那樣趕盡殺絕，而是「退功臣而進文吏」。給予功臣爵位與厚祿，但「委而勿用」。也就是國家養著功臣，讓他們成天享樂，但不能參與政治，國家另選文官任用。在地方上，劉秀大量裁減政府機構，合併郡縣，減少官員數量。東漢的官民比只有一：七四六四，民眾的負擔很輕。軍事上，劉秀也盡量保持同匈奴的和平局面。西漢末年，匈奴趁亂控制了西域。東漢建立後，一些大臣主張給匈奴以顏色。劉秀深知戰爭不是最佳手段，畢竟漢武帝打了一輩子也沒徹底解決匈奴問題，還把老百姓折騰得夠嗆。愛惜民力的劉秀，對匈奴採取了安撫策略。只要匈奴不威脅漢朝的核心利益，漢朝就不輕易開戰。歷史實踐證明，劉秀的這一做法是明智的。

劉秀在位三十二年，東漢社會保持了穩定，經濟實現了持續發展，民眾安居樂業。到劉秀統治後期，漢朝人口數量恢復到二千多萬，增長了近一倍。漢朝出現了強勁的復興態勢。因為劉秀的諡號為「光武」，所以後世稱他的統治時期為「光武中興」。

兩漢四百多年，民眾有三段幸福時光：一是文景時期，二是昭宣時期，三是光武時期。相比之下，劉秀能文能武，還有情有義。不僅白手起家復興了漢室，還妙手回春締造了中興。即便放到古代全部五百多個帝王中，劉秀也堪稱最優秀者。但也許是少了些「一將功成萬骨枯」的豪邁，劉秀在歷史上的存在感要低於其真實功績。然而，我們必須明白一個道理：國家存在的價值是保護民眾，而不是讓民眾為國家而生存。這一點，劉秀應該是懂得的。

45 宦官與外戚

明章之治引佛教 外戚宦官專政忙

一般而言，一個王朝的初期都會是個好時代。其原因主要有三。首先，改朝換代的戰亂讓統治者認識到了民眾的力量，新王朝往往會調整統治政策，善待民眾；其次，前朝積累的社會衝突多會在戰亂中消除，重新洗牌後的社會相對穩定；最後，開國初期的皇帝多有勵精圖治的進取精神。不像後期的皇帝，在安逸中逐漸倦怠或墮落。東漢前三帝的統治時期，就屬於這樣的好時代。

漢光武帝劉秀死後，漢明帝劉莊繼位。他是漢光武帝的嫡長子，母親是劉秀當年做夢都想吃到的「天鵝」——陰麗華。漢明帝以三十歲壯年即位，在位十八年，保持了東漢的中興態勢。治國路線上，漢明帝大力提倡儒學，興復禮樂，善待民眾。同時，他也注重刑名文法，嚴苛馭下，對大臣、宗室、外戚等特權階層嚴格駕馭。就像漢宣帝一樣，漢明帝深諳漢朝的治國祕訣——「霸王道」，全面掌控了政局。後世評價漢明帝，認為他的執政風格和清朝的雍正帝頗為相似。漢明帝在位期間，主要幹了三件大事。

第一件大事是治理黃河。作為中華文明的母親河，黃河並不慈祥。由於中上游水土流失嚴重，黃河下游經常因河道堵塞而氾濫。嚴重時，河水會沖出原有河道，造成黃河改道。這會讓黃河變身災難之河，沖毀大量房屋和莊稼。漢明帝任用水利家王景治理黃河，王景在河道的關鍵位置修建多處水門，以調節水量，防止黃河決口氾濫。王景治黃後，黃河八百年間沒有改道，靜靜地當回了母親河。

第二件大事是重新控制了西域。光武年間，國家初創，對匈奴採取了安撫政策，匈奴人控制了西域。漢明帝在位的最後三年，他派大將竇固攻打北匈奴，一直打到了天山附近。隨後，漢明帝又派班超出使西域。班超不負眾望，重建了西域都護府，再次將西域納入漢朝版圖。

第三件大事是將佛教引進中原[1]。相傳，漢明帝曾夢見一個高大金人降落在大殿前，頭頂閃耀著白光，金人騰雲駕霧升起，最後向西飛去。夢醒後，漢明帝向群臣講述了這個奇異的夢。一個博學的大臣告訴漢明帝，他夢見的是西方的佛陀。於是，漢明帝就派使者到佛教的誕生地天竺（古印度）去求取佛經。後來，兩位天竺僧人隨漢使來到洛陽，還用一匹白馬馱來了經書。漢明帝大喜，親自接待天竺僧人，還在洛陽修建了白馬寺供兩位僧人居住。據說，兩位僧人在此翻譯出了《四十二章經》。

1 張騫出使西域後，佛教經絲綢之路傳入中國，漢明帝時由官方正式引入。

漢明帝死後，二十歲的太子劉炟繼位，是為漢章帝。漢章帝為政寬和，頗有儒家長者之風。他在位十餘年，國家繼續著承平歲月。明、章兩朝，政治清明，社會安定，民安其業，戶口滋殖，後世稱「明章之治」。從光武中興到明章之治，東漢過了半個多世紀的好日子。從第四代皇帝漢和帝開始，東漢就進入了後期模式，並開始了奇葩的雙循環——外戚和宦官交替專權。

之所以會出現外戚和宦官交替專權的現象，主要在於繼位的皇帝年齡小，並且壽命都不長。東漢十三帝，只有開頭三個是成年後即位，後十個皇帝的平均即位年齡只有九歲半，最小的才剛過百天。娃娃皇帝，連撒尿都無法自理，更不要談控制朝政了。這時候，太后的機會就來了。漢章帝以後，竇、鄧、閻、梁四位太后相繼臨朝稱制。她們將外朝事務「委權父兄」，東漢相應地出現了竇、鄧、閻、梁四大外戚勢力專權擅政的情況。可是，娃娃皇帝畢竟會長大。懂事後，他們就會不滿外戚的專權。另外，這幾位太后也不是皇帝的生母，彼此沒有血緣情感可言。所以，皇帝長大後就會想辦法奪權親政。這時候，皇帝身邊的心腹宦官就成了奪權助手。奪權成功後，皇帝倚重宦官，宦官勢力又開始專權擅政。宦官為了長期掌權，會慫恿皇帝在後宮花天酒地。時間長了，皇帝把身體玩壞了，便會英年早逝。漢章帝之後的皇帝，沒有活過三十六歲的。皇帝死得早，又是一個新的娃娃皇帝繼位，又開始了新的外戚專權。就這樣，交替專權就又回到了外戚這邊，繼續著惡性雙循環。

漢和帝的一生，就是外戚和宦官交替專權的典型案例。漢章帝三十三歲駕崩，十歲的漢和帝繼位，他的養母竇太后臨朝稱制。竇氏外戚勢力隨之崛起，為首的是竇太后的哥哥竇憲。竇憲還算是個有作為的外戚，他很有軍事才幹——他曾領兵出擊北匈奴，出塞追殺三千餘里，打到了燕然山，在此地刻石記功。燕然山就是今蒙古國的杭愛山，後世稱竇憲的功績為「燕然勒功」。匈奴人被打得一路西逃，有學者認為他們一直向西逃到了歐洲，和其他「蠻族」一起滅亡了西羅馬帝國，使歐洲進入中世紀時期。竇憲因有大功於漢，所以變得跋扈驕縱，並且把持了東漢朝政。地方官員多出於竇憲門下，朝中大臣對其望風承旨。就連編寫《漢書》的史學家班固，也是竇憲的手下。

漢和帝逐漸長大懂事，很擔心權傾朝野的竇憲會成為「王莽第二」，於是下決心要奪權。此時的外朝，皆是竇憲黨羽，漢和帝雖然只有十幾歲，但少年老成，他悄悄地在後宮和親信宦官謀劃大事。這些謀大事的宦官中，有一個很有名，叫作蔡倫。

46 黨錮之禍

搞宮鬥蔡倫造紙 為清議士人黨錮

蔡倫出生於一個鐵匠世家，從小喜歡鑽研各種生產技藝。他還能讀書識字，有一定的才學。漢章帝時，蔡倫入宮為宦，隨後參與了一場后妃間的宮鬥。這場宮鬥，為他贏得了崛起的政治資本。

後宮間的宮鬥異常殘酷，一個女人得寵與否，不僅關係自己的身家性命，還決定了其背後家族的興衰榮辱。漢章帝的竇皇后，常年不孕不育，而宋貴人的兒子劉慶被立為太子。這讓竇皇后很惶恐。於是，她派心腹宦官蔡倫去祕密監視宋貴人，找機會陷害她。不久，宋貴人被誣陷「挾邪媚道」，就是說她使用巫術。宋貴人被逼自殺，太子劉慶也被廢。後宮還有個梁貴人也生了兒子，名叫劉肇。梁貴人自知鬥不過竇皇后，就把兒子送給皇后當養子。後來，劉肇被立為太子。漢章帝死後，十歲的劉肇繼位，是為漢和帝。竇太后臨朝稱制，蔡倫因宮鬥有功而被提拔為中常侍[1]，進入了權力的中心。

蔡倫的政治嗅覺很敏銳，他發現：漢和帝雖然年少，但做事卻很果敢。蔡倫料定，竇氏外戚遲早會被漢和帝清算。於是，他悄悄靠向了漢和帝。不久，在蔡倫的幫助下，漢和帝剷除了竇氏外戚集團。蔡倫在政治上的遠見，遠得不是一點半點，他總能提前一個時代而未雨綢繆。漢章帝三十三歲英年早逝，蔡倫很擔心漢和帝會遺傳他爸的短命基因，為了給自己上個「雙保險」，蔡倫又傍上了漢和帝的鄧皇后。

鄧皇后出身書香門第，喜歡寫詩作賦。為了投其所好，蔡倫立志要為鄧皇后製造出供書寫用的優良紙張。鐵匠家庭出身的蔡倫，秉承著工匠的鑽研精神，成功改進了造紙術。雖然西漢時期就已有造紙工藝，但成品較差，造出來的紙不好用。蔡倫改進出來的紙張，輕薄柔韌，物美價廉。蔡倫因此獲封「龍亭侯」，改進的紙張被稱為「蔡侯紙」。造紙術是中國古代科技對人類文明的重大貢獻，推動了世界範圍內的文化傳播。

就在蔡倫改進造紙術的第二年，漢和帝駕崩了。出生僅百天的漢殤帝繼位，鄧太后臨朝稱制。好在蔡倫做了預判，繼續靠著鄧太后留在了權力中心。可惜，漢殤帝不滿周歲也夭折了，鄧太后又立了十三歲的漢安帝繼位。這個漢安帝不是別人，正是廢太子劉慶的兒子，他的奶奶就是被蔡倫害死的宋貴人。漢安帝和蔡倫有「殺奶之仇」，報仇是遲早的事。鄧太后去世後，蔡倫失去了靠山。漢安帝下令，徹查蔡倫。蔡倫坦然地接受

1 古代官職名裡帶有「中」字的，一般都是在內廷服務的近臣。所謂「中常侍」，就是在宮中經常服侍他人的人，漢安帝以後多用宦官擔任。他們平時負責傳達詔令，參與政治活動，權力極大。

了命運，焚香沐浴，穿戴整齊，然後服毒自盡。蔡倫的一生，靠政治站隊而榮，因政治站隊而死。可他到死也不會想到，他被後世銘記的，並非政治鬥爭，而是造紙術。

蔡倫雖死，可宦官政治還遠未結束。漢安帝死後，漢少帝繼位，在位二百多天就掛了，再之後是漢順帝。漢順帝的梁皇后，她的哥哥梁冀又成了最大的外戚勢力。漢順帝死後，梁冀先後立了漢沖帝和漢質帝兩個娃娃皇帝。面對梁冀專權，漢質帝童言無忌，說他是一個「跋扈將軍」，因此遭到梁冀毒殺。隨後，梁冀又扶十五歲的漢桓帝繼位。十多年後，漢桓帝依靠身邊的宦官誅殺了梁冀，開始親政。漢桓帝治國倚重宦官，宦官專權局面達到了巔峰。由於生理上的缺陷，宦官多性格扭曲，行事風格陰險毒辣。許多官員屈服於宦官的淫威，甚至還攀附於宦官，主動認宦官為乾爹，朝中逐漸形成了一個宦官集團。

除了宦官和外戚兩大勢力外，東漢朝廷中還有一個士大夫集團。他們不僅有朝中官員，還有太學生和地方官僚世家。他們對朝政憂心忡忡，從儒家價值操守出發，批評時政，對抗宦官，力求匡扶社稷。他們影響政治的主要手段是「清議」，即品評人物和事件，編成朗朗上口的風謠，在社會上形成輿論。比如對正直的官員李膺和陳蕃，清議評價為「天下楷模李元禮，不畏強禦陳仲舉」。李膺是反宦官集團的領袖，多次打擊宦官勢力。大宦官張讓的弟弟在地方為非作歹，李膺要將其治罪，嚇得他逃到在京師的張讓家中。

李膺派人到張讓家中抓捕，最後將其弟弟處死。

士大夫集團的抗爭，遭到了宦官集團的反撲。他們污蔑士大夫結黨干政，稱他們為「黨人」，還指責「清議」是在「誹訕朝廷，疑亂風俗」。作為專制帝王，漢桓帝也不願意看到大臣們拉幫結派，這容易對皇權造成威脅。於是，漢桓帝下令逮捕「黨人」，李膺等二百多人被捕。最後，獲罪黨人被罷免回家，終身禁錮，永不錄用，史稱「黨錮之禍」。士大夫集團並未因此而退縮，許多官員因為自己沒有被列入「黨人」而感到慚愧，還有的官員上書請求連坐。東漢士人這種不畏強權、匡扶社會正義的努力，正體現了中國知識分子「為天地立心」的精神追求。漢桓帝死後，漢靈帝繼位，宦官政治繼續。漢靈帝甚至公開管宦官叫「爹」，說「張常侍是我公（宦官張讓是我爹）」。此時，又發生了第二次黨錮之禍。李膺被拷打至死，另一領袖張儉逃亡。張儉所逃之處，大家都不顧身家性命地收留他。近代文人譚嗣同，讚歎東漢時期的社會正氣，還寫下了「望門投止思張儉」的詩句。兩次黨錮之禍讓東漢朝廷失掉了民心，也為東漢覆亡埋下了伏筆。

蔡倫和李膺，是皇權政治下兩類臣子的代表。前者專攻權術，迎合權力；後者堅持操守，為民請命。二千多年來，兩類人一直在博弈，切磋琢磨中，塑造了中國歷史發展的主線。

47 黃巾起義

靈帝賣官能打折　黃巾起義敲喪鐘

《出師表》中，諸葛亮說劉備生前總結東漢衰亡的教訓，「未嘗不嘆息痛恨於桓、靈也」。羅貫中在《三國演義》中也說：「推其（東漢）治亂之由，殆始於桓、靈二帝」。看來，無論是當世人，還是後來人，都將東漢覆亡這筆賬算到了漢桓帝和漢靈帝頭上。桓、靈二帝，叔侄二人，的確是無道皇帝中的兩朵奇葩。相比之下，漢靈帝更加無可救藥，直接將東漢社會推向了萬劫不復的深淵。

黨錮之禍中，許多官員被革職或治罪，朝廷官職出現了許多空缺。為了彌補空缺，漢靈帝動起了歪腦筋，開始賣官鬻爵。早在戰國時期，秦國就有賣官鬻爵之事，但賣的都是小官。漢靈帝膽子大，什麼官都敢賣，可謂貨品齊全。他在宮中成立了一個賣官機構，名曰「西園」，由宦官經理人負責經營。所有官職，哪怕是三公，都可在西園售賣。漢靈帝賣官很講信譽，官職明碼標價，還可以講價。當時有個官員叫崔烈，想買司徒一職，標價一千萬錢。崔烈透過漢靈帝的乳母講價，最後以五折的價格拿下。拜官之日，漢靈帝親自來慶賀，私下跟近臣吐槽，真後悔當時沒堅持一下，要麼準能賣到一千萬！

曹操的父親曹嵩，花了一億錢買到了太尉一職。

賣官鬻爵政策之下，許多正直清廉的士大夫，寧可死也不肯出來當官。有一年，漢靈帝派人到各州各郡去徵收修繕宮殿的費用，規定凡是新委任的官員，都要先去西園議定應交納的費用才能赴任。巨鹿郡新任的太守叫司馬直，他若要赴任，須交兩三千萬錢。因清廉之名在外，漢靈帝給他打了個折。但司馬直不願花錢買官、魚肉百姓，所以選擇自殺。臨死前，司馬直上書抨擊了漢靈帝的賣官政策。司馬直以死相諫，用生命捍衛了士大夫的價值操守。

官員都被皇帝的惡政逼死，老百姓就更沒有活路可言了。既然是花錢買來的官，官員考慮的自然是收益，而非正義。他們多半會橫征暴斂，向民眾索要收益。有的官員還和地方上的豪強勢力相勾結，追求合夥生意。東漢末年，自然災害也開始頻繁發生，這更讓老百姓生不如死。正當民眾生活在水深火熱之際，一個民間宗教悄悄興起，給苦難的民眾燃起了希望之火。這個民間宗教叫作「太平道」。

太平道是道教的早期源流之一，創始人為張角。太平道尊奉「黃老之學」，認為黃帝時代是最美好的太平世道。黃老學說本是西漢初年的治國思想，在其影響下，漢初實行了六十多年的休養生息政策，民眾生活得比較安逸。漢武帝時，為了搞大一統，罷黜百家，獨尊儒術，黃老學說被統治者冷落。可是在民間，黃老學說還維持著旺盛的生命力。張角將黃老學說整合，融入一些民間迷信思想，從而創立了太平道。《太平經》是太平道的教典，書的內容十分龐雜，既有陰陽五行學說，還有符咒治病、辟穀食氣理論、讖語學說、鬼神崇拜、修煉成仙等內容。太平道是民間迷信的大雜燴，知識分子多將其看作無稽之談。可是在苦難而無知的民眾那裡，太平道卻非常有號召力。

比如用符咒治病，張角用符咒焚燒後的灰燼泡水，給病人喝下，聲稱能夠治病，很多人還真的被治好了。實際上，這只是一種心理暗示療法。古代中醫十三科中有個「祝由科」，就是這個套路。如果病治好了，就歸功於張角的神力；如果沒治好，就說是因為病人心不夠誠，病人便會更加虔誠地信奉太平道。當時，來找張角看病的人絡繹不絕，光是路上病死的人就有上萬之多。

張角以治病的方式傳教，信徒增至數十萬。勢力壯大後，張角準備踐行他的政治理想。他要發動起義，推翻漢朝，建立一個推崇黃老學說的太平世道。太平道相信天命觀，認為人間的災禍是上天降下的懲罰。東漢時期，朝政混亂，自然災害頻發，這正是上天要滅亡漢朝的前兆。

根據陰陽五行學說，漢朝是火德，而火生土，土德朝代將會取代漢朝。為此，張角提出了「蒼天已死，黃天當立，歲在甲子，天下大吉」的起義口號。所謂「蒼天」，是指火德的漢朝，「黃天」則是指土德的太平道。土德崇尚黃色，所以太平道的信眾都頭戴黃巾為標識。張角將信眾組織起來，劃分為「三十六方」，「大方」萬餘人，「小方」六七千人。起義前，張角派人在官府的門上或牆上寫上「甲子」二字，這即是在標注進攻目標，也是提示起義時間[1]。就在起義緊鑼密鼓地準備時，有一個信徒叛變，向官府告發。事態緊急，起義不得不提前開始。

漢靈帝中平元年（西元一八四年），黃巾起義爆發。張角自稱「天公將軍」，信眾稱「黃巾軍」。黃巾軍攻城陷鎮，燒毀府衙，斬殺官吏，打擊地主。一月之內，全國七州二十八郡同時起事，京師震動，天下大亂。起義最初的三個月裡，黃巾軍取得了可喜的戰績。但由於起義倉促提前，部署沒有完善，特別是都城內的起義計畫沒有實現，這給了東漢朝廷喘息的機會。另外，黃巾軍缺乏軍事訓練，戰鬥力還是比不過官軍。不久後，張角病逝了，起義軍群龍無首，黃巾起義以失敗而告終。

為了剿滅地方上的黃巾軍，東漢朝廷給予地方政府更多的軍政大權，地方軍閥大量湧現。這一招實際上是飲鴆止渴，黃巾軍雖然最後被鎮壓了，但地方卻開始擁兵自重。一個個軍閥先後崛起，東漢陷入了群雄割據的狀態。黃巾起義後，東漢王朝名存實亡，三國時代的歷史大幕徐徐拉開了。

1 甲子年起義，指西元一八四年。

48 秉筆直書太史令　史家絕唱司馬遷

司馬遷與《史記》

兩漢文化成就之一，是史學的發展。集大成者，是司馬遷和他編纂的《史記》。司馬遷是漢武帝時候的太史令，隸屬於九卿之一的太常。太史令不僅要記錄歷史，還要負責天文觀測和推算節氣、曆法。因為古人相信「天人感應」，認為上天主宰著人間的發展走向，要時刻關注上天的情緒。從性質上看，太史令是史官。

在中華文明發展進程中，史官有著極其重要的地位。他們要如實地記錄歷史，不虛美，不隱惡，不能為討好當權者而曲筆。雖然史官的權力不大，但他們有著無上的使命感和責任感。有時候，他們要用生命來捍衛自己的職責。春秋時期，齊國有個大夫叫崔杼，因國君給他戴了綠帽子，他憤而弒君。史官得知後，如實地記錄「崔杼弒其君」。崔杼很生氣，就殺了史官。史官的弟弟繼承史官之職，崔杼讓他改寫，遭拒，崔杼又將他殺了。史官的又一個弟弟繼承職位，他不畏崔杼威脅，繼續記錄「崔杼弒其君」。這次，崔杼沒再殺。因為殺了也沒用，下一個史官還會如實記錄。此時，另一個史官南史氏捧著竹簡趕了過來，他以為史官兄弟被殺絕了，怕沒人如實記錄歷史，便趕過來前仆後繼了。對史官來說，秉筆直書比自己的生命還重要。正是由於史官的存在，古代的當權者幹壞事時才會有所忌憚，因為他們擔心自己被史官記上一筆。史官制度是對專制權力的有效制約，是中國古代最偉大的制度之一。

古代的史官職位是世襲的，因為歷史的記錄與整理需要很強的專業性，世襲有利於史官從小耳濡目染，獲得專業訓練與史料積澱。司馬遷的父親司馬談，也擔任過太史令。司馬談的祖上，還擔任過周朝的史官。對此，司馬談有莫大的榮譽感。為了繼承和發揚家族傳統，司馬談立志要寫一部古今通史。所謂通史，就是內容從古至今，貫通多個朝代的史書。與之對應的斷代史，則專寫一朝一代的歷史。為了寫成這部通史，司馬談積累了很多資料。可是，一個意外的事件，讓他抑鬱而終。西元前一一〇年，漢武帝到泰山舉行封禪大典。所謂「封禪」，分為「封」和「禪」兩個環節。「封」是在泰山頂上祭天，「禪」是在泰山腳下祭地。天子是上天的兒子，「封禪」相當於是向上天稟報自己的政績。在古代，只有太平盛世的帝王才有資格封禪。如此重大的典禮，司馬談作為史官，親自參與了禮儀的安排和制定。然而，不知道什麼原因，他最後沒能親自參加封禪儀式。作為一個史官，未能親自見證重大歷史時刻，這讓司馬談倍感遺憾，竟因此抑鬱而終。司馬談死後，司馬遷繼任太史令一職，以完成父親撰寫通史的遺志。

為了撰寫這部通史，司馬遷遊歷天下，廣采博聞。加上父親的史料積累和自己的史學天賦，這部通史撰寫得很順利。然而，又一個意外發生了，這便是李陵之禍。李陵是漢朝將領李廣之孫。漢武帝命其征討匈奴，李陵親率五千步兵深入匈奴腹地，被八萬敵軍包圍。李陵孤軍奮戰，終因寡不敵眾而投降。在專制社會，投降是絕不允許的。漢武帝大怒，將李陵全家誅滅。對於李陵案，群臣無人敢幫忙辯解，有的甚至落井下石。只有司馬遷仗義執言，說李陵以五千步兵殺敵一萬，已經是拚死抵抗，投降是無奈之舉。他還分析李陵投降很可能是詐降，今後有機會，李陵一定會重新報效漢朝。這番辯解觸怒了專制皇權的威嚴，盛怒之下，漢武帝給司馬遷定了個「誣罔」之罪。這個罪名本來要判死刑的，但有兩種方式可以免死，一是花錢，二是接受宮刑。司馬遷沒錢，最後只能忍受宮刑。

司馬遷本來可以選擇死亡，但是史官的使命感讓他必須苟活。他要完成父親的遺願，要實現自己身為史官的價值。最終，忍辱負重的司馬遷完成了近五十三萬字的《太史公書》，後人稱為《史記》。書中，司馬遷自言要「究天人之際，通古今之變，成一家之言」。意思是說，要探究歷史趨勢與人類社會之間的關係，通曉古往今來的社會演變進程，並且以自己獨立的史官視角來闡述歷史。

司馬遷在《史記》中首創紀傳體，即以人物傳記為敘事單元。他將人物傳記分為三個等級：首先是本紀，主要記載帝王的言行和王朝的興衰；其次是世家，主要記載諸侯國的歷史；最後是列傳，主要記載帝王和諸侯以外的人物和群體。根據不同人物的歷史影響，司馬遷也做了一些調整。比如，本紀中加入了並非帝王的項羽和呂后，因為此二人雖非帝王，但歷史影響勝過帝王。在世家中，司馬遷加入了孔子和陳勝兩個非諸侯王的歷史人物，以肯定二人的歷史地位。另外，在對漢武帝的記載中，司馬遷並未因其是當權者，就阿諛奉承，而是做到了秉筆直書，客觀評價。也正是因為秉筆直書，《史記》在司馬遷有生之年裡沒有機會面世。直到漢宣帝時，這部史書才與世人見面。

與後世的官修史書大不相同，《史記》是史官私人著史，保持了觀點的獨立性。另外，這部作品還有極高的文學價值，文采斐然。魯迅評價《史記》是「史家之絕唱，無韻之《離騷》」。要知道，這樣一部偉大的歷史著作，是在司馬遷遭受了嚴重身心摧殘之後完成的，著實讓人敬佩。作為史官，司馬遷的獨立精神永昭日月。不像後世有些史官，雖然身體完好，但獨立精神早已被閹割了。

49 兩漢的文化與科技

經學興起累世家 華佗編創五禽戲

兩漢的思想史發展，以經學興起為特徵。所謂經學，就是對儒家經典的研究之學。儒家經典的核心是五經，即《詩》《書》《禮》《易》《春秋》。本來是有六經的，但《樂》失傳了。從漢武帝獨尊儒術開始，五經就成了學術研究的核心。就像今天的國文、數學、英文三門主科一樣，是必修科目。

漢朝的最高學府是太學，太學裡設有五經博士，類似今天的大學教授。每個博士專教一經，帶有若干博士弟子，相當於今天教授帶研究生。漢武帝時，博士弟子共有五十人。到漢末時，擴招到了上萬人，儼然一所現代大學。博士弟子學習一段時間後，可參加「設科射策」考試。設科就是按題目難易程度分為甲、乙兩科，王莽時一度改為甲乙丙三科；「射」有射覆之意，即猜測覆蓋之物，也就是射策者（考生）隨機選取考題作答。最後，根據考試成績，按科錄取，朝廷授予其不同級別的官職。

經學在兩漢的地位很神聖，歷史影響很大。首先，五經被推崇為國家的根本學問，治國理政都要從中找依據。西漢末年，社會弊端叢生，儒生們一心從經學中尋找治國良方，企圖按照五經的描繪重建一個理想世界，王莽的「復古改制」應運而生。其次，經學又分為古文經和今文經兩派，兩派長期爭論，深刻影響了兩漢的思想與政治。由於秦始皇焚書和秦末戰火，大部分經書被毀。西漢建立後，人們將口耳相傳的經書內容抄寫下來，稱為「今文經」。後來，又有一些倖免毀壞的先秦經書被陸續發現，皆是用先秦文字書寫的，故而稱「古文經」。今文經和古文經的爭論，不僅在於經書內容的差異，更在於價值取向的區別。今文經總想以經學影響政治，時常穿鑿附會。比如對孔子的認知，今文經宣揚孔子是先王下凡，是上天派下來給後世立法的。古文經則比較理性，認為孔子只是一個先師，五經只是先人智慧的結晶，後人研究和傳承就行了。相比而言，古文經的學術態度更為單純，今文經則將學術政治化。最後，世家大族對經學進行累世研究，經學世家逐漸成為一股政治勢力。在造紙術和印刷術沒有普及的時代，書籍很貴。許多豪強世家憑藉財力大量藏書，專注研究經學。經常是一個家族世代研究一門經，如汝南袁氏，世代鑽研《易經》，憑此世代做官。到袁紹時，袁家已經有四代人做到「三公」這一級別，人稱「四世三公」。漸漸地，最初的豪強世家成為經學世家，進而又成為官僚世家，實現了經濟、文化、政治三位一體的壟斷。這導致了魏晉時期士族門閥政治的形成。

除了經學的發展，兩漢文化另一個顯著特點是佛教與道教的出現。佛教雖是西域傳來的外來宗教，但在中國扎根後開始逐步發展，南北朝時興盛，對中國社會與文化的各方面都產生了深刻影響。道教是創立於中國的本土宗教，其教義實際上是黃老學說中的部分概念，又雜糅了部分民間巫術和神仙方術思想。雖是本土宗教，但道教的思想層次較低，其長生不老理念也容易被現實擊穿。因而，道教在中國的生命力遠不如外來的佛教。

兩漢的科技方面，代表性的是蔡倫改進了造紙術，對人類文明做出重大的貢獻。兩漢時期還有一個被後世低估的發明，那就是二十四節氣。古人計算日期的曆法，多以天象的變化週期作為參照。月亮陰晴圓缺的一個變化週期是一個月，以此為基礎的曆法叫作陰曆。太陽春、夏、秋、冬的一個變化週期是一年，以此為基礎的曆法叫作陽曆。人類早期文明多採用陰曆，因為月亮比較容易觀測，三十天左右就可以完成一輪觀測。可是，陰曆不能準確表達氣候的變化，這個缺點對中國這樣的農耕文明來說很不友善。為此，中國古人將太陽的一個變化週期劃分成二十四段，每一段稱為一個節氣，這便發明了二十四節氣。漢武帝時的《太初曆》，正式將二十四節氣訂入曆法。每個節氣都有和時令相呼應的名字，非常生動。比如小暑，不算太熱；大暑，就熱得不得了。二十四節氣最偉大的意義，在於精準地指導農耕。比如「清明忙種麥，穀雨種大田」，農民一聽節氣，便知道該幹什麼農活了。

東漢末年，社會動盪，自然災害頻發，導致疫病大規模流行。這催生出了許多名醫，集大成者是東漢末年的張仲景和華佗。張仲景是中醫臨床理論體系的開創者，著有《傷寒雜病論》，被後世稱為「醫聖」。華佗更厲害，不僅擅長用針灸和湯藥，還能做外科手術。他發明了麻藥——「麻沸散」，病人服用後失去知覺，然後可開刀做手術。華佗在後世被稱為神醫。但關於華佗的諸多記載，我們還是要理性看待那些帶誇張和神化的成分，比如外科手術，當時既沒有無菌環境，也沒有抗生素，病人是很可能因感染而死亡的。華佗還編創了強身健體的五禽戲，模仿五種動物做舒展動作，這倒是有可能。透過體育鍛煉來促進人體的健康，這在古代就已經受到了重視。

史書上還有許多兩漢科技成就的記載，但有些記載過於離奇，也無法通過我們今天現代科學的驗證。

本篇講述三國兩晉南北朝時期的歷史，時間跨度近四百年。

東漢滅亡後，魏、蜀、吳三國鼎立。三國末期，司馬氏篡魏，建立了西晉。不久，三家歸晉，實現了統一。可是西晉的統一品質較低，沒多久就出現了全面動亂——八王之亂，這給了北方少數民族可乘之機。隨後，匈奴、鮮卑、羯、氐、羌等少數民族內遷，西晉在混戰中滅亡。西晉滅亡後，北方陷入了「五胡十六國」的大分裂局面。

與此同時，西晉皇族司馬睿在南方重建晉朝，史稱東晉。東晉的建立，得益於以王導為首的士族階層的支持。因此，東晉由皇帝與士族聯合執政，士族門閥政治形成。東晉後來被大將劉裕篡權，南方先後出現了宋、齊、梁、陳四個政權，統稱為南朝。東晉與南朝，雖然偏安南方，但社會相對穩定，江南地區得到了開發。北方的分裂局面最終結束於鮮卑族的統一，北魏建立，北方進入了北朝時期。北魏孝文帝推行了全面的漢化改革，激起了鮮卑保守派的強烈反對。不久後，北魏分裂為東魏和西魏。儘管西魏的實力弱於東魏，但西魏較好地實現了民族交融，出現了胡漢融合的關隴集團。後來，西魏變為北周，東魏變為北齊。北周滅北齊後，關隴集團的楊堅篡權，建立了隋朝。不久後，隋朝滅陳，結束了南北分裂的局面。

三國兩晉南北朝時期，是中華文明的青春期，既有政權對立的躁動，又有文化融合的成長，最終實現了民族大交融。

三國兩晉南北朝篇

50 曹操的崛起

設州牧軍閥割據　舉孝廉亂世奸雄

三國時代，是國人關注度較高的一段歷史。權謀與征戰，江山與情義，刀光劍影，盛衰興亡，滿足了國人對歷史的綺思。從歷史分期看，三國正式開始於西元二二〇年，曹丕稱帝。然而，廣義上的三國時代，從漢末軍閥割據時就開始了。

東漢沿襲西漢的行政制度，地方上設郡縣。為了監察郡縣官員，東漢在郡縣之上設置了十三個州，每州設有一名刺史，代表中央監察州內各郡，但刺史沒有管轄權。州在最初只是監察區，並非行政區。直到黃巾起義爆發後，漢靈帝給地方放權，把刺史改為州牧，總攬一州軍政大權，州才成了地位在郡縣之上的行政單位。黃巾起義被鎮壓之後，州牧乘勢而起，他們擁兵自重，成了地方上的割據勢力。三國時期的大軍閥多是各州的州牧。如冀州牧袁紹、兗州牧曹操、豫州牧劉備。

漢靈帝的諡號為靈，意為「亂而不損」。他把漢朝徹底玩廢了，自己卻逃過了「亡國君主」之名，這的確很「靈」。東漢大廈將傾之際，漢靈帝及時駕崩了。隨後，漢靈帝十四歲的嫡長子劉辯（漢少帝）繼位。劉辯的舅舅是大將軍何進，他以外戚的身分掌權。何進想剿滅亂政的宦官勢力，可屠戶出身的他，沒什麼家族背景，總擔心自己鬥不過宦官，猶豫之時，手下袁紹給他出了個招——密調并州牧董卓進京支援。不料，這個計畫走漏了風聲。宦官先發制人，將何進斬殺於宮中。隨後，袁紹帶兵衝入宮中，屠盡宦官。就這樣，在東漢專權百餘年的外戚和宦官兩大勢力，在這場爭鬥中兩敗俱傷，東漢朝廷進入了權力真空狀態。恰在此時，董卓率軍趕到，輕鬆地控制了朝政，瞬間「躺贏」。

董卓在西北涼州長大，經常和胡人打交道，好俠尚武，性格直率而粗暴。他進京後就廢掉了劉辯，改立漢靈帝次子劉協為帝，也就是漢獻帝。董卓好用刑法立威，手段極其殘忍。他曾將政敵的屍體挖出來肢解，還縱容士兵劫掠京中富戶，漢靈帝的陵墓也被他盜掘。董卓的倒行逆施引來各地軍閥的討伐，他們組成聯軍，共推袁紹為盟主。可是聯軍心懷各異，並未成功消滅董卓。最後，司徒王允巧用離間計，使董卓死於其手下呂布之手。董卓死後，其部將展開混戰，各地軍閥也趁機攻城略地，東漢徹底陷入了軍閥混戰中。亂局之中，一個叫曹操的軍閥坐大。

曹操的祖父是大宦官曹騰。不同於其他亂政的宦官，曹騰為人很謙遜，侍奉過四代皇帝，對漢桓帝還有擁立之功，獲封為侯。實際上，曹騰和曹操並沒有血緣關係。曹操的父親曹嵩，是曹騰的養子，因而承襲了爵位。後來，曹騰買官當了太尉。到曹操這一輩，已經是「閹三代」。在重視門第的東漢，曹操的身分很受鄙夷與嘲笑。然而，曹操還真不是依靠宦官一黨上位的；相反，他還很反感宦官勢力。曹操二十歲時，通過舉孝廉步入仕途，擔任洛陽北部尉。他執法嚴明，不畏權勢。大宦官蹇碩的叔父違禁夜行，半夜出門晃蕩，被曹操按律棒殺。黃巾起義爆發後，曹操領兵鎮壓起義者，立下了軍功。董卓之亂時，曹操散盡家財，在陳留招募了五千兵馬，起兵討伐董卓。董卓死後，曹操出任兗州牧。在這裡，他擊敗了青州的黃巾軍殘餘勢力，收穫降卒三十餘萬，將其精銳者編入自己軍中。憑藉「青州兵」，曹操迅速崛起，成為中原最強勁的軍閥之一。

東漢的清議喜好品評人物，名士許劭品評曹操是「治世之能臣，亂世之奸雄」。能臣與奸雄的區別，在於對君王盡忠與否。漢末亂世，皇帝昏聵，宦官當權，如此腐敗的朝政，能臣並無用武之地。曹操想要實現政治抱負，只能做奸雄。不得不說，在治國理政方面，奸雄曹操還真是一把好手。起兵後，他做了兩個關鍵性決策，堪稱英明：一是經濟上實行屯田，二是政治上迎接漢獻帝。

對中國這樣的農耕文明國家來說，興衰的關鍵在於農業生產能否得到保障。東漢末期，由於土地兼併和戰亂，許多農民淪為「流民」，他們四處遷徙，無法安心進行農業生產。各地軍閥還會劫民養軍，使得農民更是無心務農。如何恢復農業生產，如何讓農民安於土地，這是軍閥安身立命的關鍵。曹操看到了問題的本質，為此創立了屯田制度。

屯田分為軍屯和民屯。軍屯，是將非主力部隊改編為生產建設兵團，戰時打仗，閒時種地；民屯，是招募流民種地，政府給他們土地和物資，還予以軍事保護。民屯的農民收穫後，與政府四六分成。相比之下，民屯的功效更大。屯田制實行後，大量流民前來投奔曹操，為曹操逐鹿中原打下了堅實的經濟基礎。就在推行屯田的同一年（西元一九六年），曹操還將四處輾轉的漢獻帝迎接到了自己的大本營——許（在今河南許昌東）。

此時的漢獻帝，如同一隻流浪狗，無人尊重無人愛。其他軍閥都不接納漢獻帝，擔心皇帝掣肘，不好割據。曹操卻反其道行之，將天子迎過來，非但不受其掣肘，還獲得了「挾天子以令諸侯」的政治優勢。與其他的軍閥相比，曹操的政治遠見高下立判。

就在「閹三代」曹操實現驚天「逆襲」之時，一個實力更雄厚的「官四代」軍閥坐不住了。他就是曾經的反董卓聯軍盟主，如今的「北方一哥」——袁紹。一山不容二虎，「閹三代」和「官四代」的廝殺在所難免。

51 官渡之戰

官渡之戰定北方　中年男人心慌慌

黃巾之亂後，地方上的軍閥乘勢而起，東漢陷入軍閥割據之亂。在混戰中，曹操成了最閃耀的新星。曹操的閃耀，卻讓北方最大的軍閥極度不爽，他就是占有青、冀、幽、并四州的袁紹。

袁紹出身世家大族汝南袁氏，是貨真價實的「官四代」。到他這一輩，袁家四代人都官至三公，人稱「四世三公」。與曹操遭到鄙夷的「閹三代」身分不同，袁紹世家大族的身分讓他在士大夫集團中贏得了很高的呼聲。漢桓帝死後，袁紹出任司隸校尉。這個官職負責監察京畿地區，相當重要。袁紹雖是大將軍何進的屬下，但他有更大的野心。為了實現自己的政治抱負，袁紹給何進出了很多損招，一手導演了漢末的政治亂局。

東漢後期宦官與外戚交替專權，實際上是皇權政治搞出來的恐怖平衡。因為這兩個勢力都依附於皇權，相比外朝官員更為可靠。只要二者的勢力平衡，不僅可以為皇權服務，還可以制衡外朝官員和他們身後的世家大族。袁紹想要操控時局，就得想辦法讓外戚和宦官鬥得兩敗俱傷，自己才能坐收漁翁之利。為此，袁紹拚命地慫恿何進誅滅宦官集團，還出了讓董卓入京的損招。實際上，袁紹憑藉自己的兵力就可以剿滅宦官，後來他也做到了這一點；他招董卓進京，是想引狼入室，徹底把政局的水攪渾。事情後來的走向，基本上是按照袁紹的計畫發展的。袁紹也如願在亂局中崛起，成了北方最大的軍閥。此外，袁紹還想一統天下，實現他的皇帝美夢。

袁紹是個英才般的偽君子，可他遇到了天才般的真奸雄。曹操崛起之後，成了袁紹最大的敵人。西元二〇〇年，雙方爆發了大戰。袁紹出兵十萬，戰馬萬匹，有壓倒性優勢。曹操雖然只有一兩萬人迎戰，但他認為袁紹「志大而智小」，不足為懼。開戰後，曹操展現了高超的軍事才能，他聲東擊西，屢發奇襲，將袁紹的十萬大軍阻扼在官渡達半年之久。僵持之際，袁紹的謀士許攸叛曹，告之袁軍屯糧地在烏巢。隨即，曹操率精兵偷襲烏巢，燒毀袁軍糧草。袁軍軍心大亂，全面潰敗，最後袁紹只帶著八百名殘兵逃回了冀州。「四世三公」的袁紹，敗給了宦官之後的曹操，內心相當憋屈。不久後，袁紹病死，霸業灰飛煙滅。三國大幕的開啟者，就這樣消逝在了歷史的煙雲中。

官渡之戰是歷史上著名的以少勝多的戰役，奠定了曹操統一北方的基礎。隨後，曹操陸續消滅了北方其他軍閥，還親率大軍北征烏桓，擊敗了這支屬於東胡的游牧民族，解除了後顧之憂。征討烏桓後凱旋的路上，曹操路過碣石山，寫下了著名的《觀滄海》一詩。這首詩氣勢磅礴，借景抒情，表達了曹操一攬天下的豪邁與自信。此時的曹操，的確春風得意。統一了北方，就等於統一了大半個天下。在曹操眼裡，南方的軍閥都是「弱雞」，擊敗他們只是時間問題。當時的南方，有四大主要軍閥：坐擁富庶的江東吳地的孫權；占有荊州這一重要戰略位置的劉表；掌握著天府之國益州的劉璋；還有一個劉備，雖然他一直東奔西走，寄人籬下，但他卻是曹操當年最看好的「潛力股」。

劉備自稱是漢朝宗室，乃漢景帝之子中山靖王劉勝的後代。而且劉備還「後」得有點遠，按《三國演義》的說法，劉備是漢景帝的第十八代孫。如果按照劉家每代人都有兩個兒子存活來計算，像劉備這樣的後裔，漢景帝大概會有二十多萬個。另外，中山靖王劉勝還很能生，在世時就已經有一百二十多個兒子。劉備自稱是他的後人，還真的查無實證。劉備是宗室的遠支，享受不到任何宗室待遇，年輕時以賣草鞋為生。黃巾起義後，劉備也和當年的漢光武帝一樣，利用自己的宗室身分，拉起了一支「雜牌軍」。劉備還有兩個共同創業的搭檔，一個是賣水果的關羽，一個是殺豬的張飛。三人在市集結識，結拜為兄弟，相約共扶漢室。

但劉備打天下的速度很慢，他先後依附過公孫瓚、曹操、袁紹等多位軍閥。官渡之戰後，西元二〇八年，他又投靠了荊州的劉表。此時的劉備，已經四十七歲，卻還沒有自己的地盤。就像當下還沒買房子的中年人一樣，內心充滿焦慮。直到遇見了軍師諸葛亮，劉備的帝王人生才算步入正軌。

諸葛亮是三國故事裡最傳奇的人物，不僅料事如神，還能呼風喚雨。顯然，會讓人有這種印象，是拜羅貫中的小說《三國演義》所賜。真實的諸葛亮，雖然沒有那麼神奇，但也有兩把刷子，尤其是他絕佳的局勢預判能力，堪稱高瞻遠矚。劉備三顧茅廬，諸葛亮給他分析天下大勢，為其量身制定了「三步走發展戰略」，這便是著名的隆中對。第一步，聯吳抗曹，阻擋曹操獨霸天下；第二步，占據荊、益二州，作為自己的割據地；第三步，實力壯大後北伐中原，奪取天下，匡扶漢室。諸葛亮的「三步走戰略」，猶如暗夜中的一團火焰，不僅照亮了劉備的奮鬥之路，也溫暖了這個中年男人的心。

聽了諸葛亮的「神仙指路」，劉備豁然開朗，彷彿看到了自己君臨天下的模樣，心裡樂開了花。中年男人的快樂，有時候就是這樣簡單；而中年男人的崩潰，有時候也就在一瞬間。劉備剛看到了希望，就傳來了一個壞消息——曹操親率二十萬大軍南伐，荊州劉表病死，劉表的兒子要投降了。

52 三國鼎立

戰赤壁三分天下　籠士族九品中正

西元二〇八年，曹操親率大軍南下，準備消滅南方的割據勢力，一統天下。曹軍先拿戰略要地荊州開刀，荊州守軍不戰而降。劉備此時正駐守在附近的樊城，聞訊後立即撤退。曹操日夜追擊，在長阪坡擊潰了劉備。隨後，劉備又逃往夏口。他趕緊派諸葛亮去柴桑（在今江西九江西南）見孫權，遊說其聯合抗曹。

曹操拿下荊州，沒費一兵一卒，士氣大增。他順江而下，準備一鼓作氣拿下孫吳。曹操給孫權寫了封恐嚇信，吹噓自己帶了八十萬大軍，要與孫權「會獵於吳」。孫吳群臣有些慌了，甚至有人主張投降。諸葛亮到訪後，立即為孫權分析了當下局勢，這是他最拿手的。諸葛亮指出，曹操雖然有兵力上的優勢，但也有三大軟肋：首先，曹軍多是北方人，不善水戰，還會水土不服；其次，曹操剛剛占領荊州，人心並不穩；另外，西北的軍閥馬超是曹操的心腹大患。因為諸葛亮的遊說及手下周瑜、魯肅的支持，孫權最終決定與劉備聯合，共抗曹操。

曹操的八十萬大軍也是吹噓的，真正投入戰爭的只有二十多萬。孫、劉組成的聯軍有五萬人，與曹操在赤壁對峙。雙方隔著長江，曹軍在西岸，聯軍在東岸。一時間，赤壁列船無數，場面甚是壯觀。正如諸葛亮分析的，曹軍都是旱鴨子，不習慣船上的顛簸；再加上水土不服，一個個上吐下瀉。曹操下令將戰船首尾相連，用鎖鏈捆住，連接處鋪上木板。這樣，船就穩了，人馬於船上如履平地。吳將黃蓋看出了曹軍的破綻，向聯軍統帥周瑜獻計火攻。隨後，黃蓋詐降，率滿載乾草膏油的快船，衝向曹船後點燃。曹軍的船連接在一起，一時很難散開。恰好此時東南風大作，借著風勢，大火從船上蔓延至曹軍陸地兵營。頃刻間，濃煙滾滾，喊聲震天，曹軍燒死者、踩死者、戰死者不計其數。最後，曹操敗退北逃。赤壁之戰，孫劉聯軍以少勝多，奠定了三國鼎立局面形成的基礎。

赤壁之戰後，曹操擱置了統一天下的計畫，轉而加強對北方的經營。孫權則穩定了江東，戰後還擴大了地盤。收穫最大的是劉備，他趁機占據荊州，隨後又進軍益州，實現了諸葛亮「三步走戰略」的第二步。此時，三國鼎立的局面已經明朗，但曹操並沒有廢掉漢獻帝，依舊保留著這個吉祥物。後世學者說曹操這是「把皇袍當內衣來穿」。孫權曾上表勸曹操稱帝，被曹操罵道：「這孫子是想把我放在爐火上烤！」[1]直到曹操死後，他的兒子曹丕終於坐不住了，他逼迫漢獻帝禪位，於公元二二〇年建立了魏，徹底

1 是兒欲踞吾著爐火上邪！（《三國志．魏書．武帝紀》）

終結了漢朝。次年，劉備也在成都登基稱帝，劉備繼續使用漢朝國號，因其都城在蜀地，後世稱之為「蜀漢」。同年，孫權稱吳王，到了西元二二九年時稱帝。就這樣，三國鼎立的局面正式形成。

受《三國演義》「尊劉貶曹」思想的影響，後世民間多以為蜀國實力很強，差一點就能北定中原。可是在真實歷史中，蜀國是三國中最弱的。根據《三國志》的統計，魏國的戶籍數是一百零三萬戶，吳國五十二萬三千戶，蜀國則只有二十八萬戶[2]，可見三國的實力差距。從三國時期流傳下來的貨幣上也可窺一二，魏國制錢分量足，吳、蜀兩國的錢嚴重縮水，與鑄造面值相差很大。這是因為吳、蜀兩國缺錢，便在鑄幣時缺斤短兩，占人民便宜。

雖然三國割據自立，但內部相對統一，各自的發展模式也是可圈可點。魏國重視農業生產，繼續推行屯田，大力興修水利，集中力量重建北方經濟，謀求以國力碾壓蜀國和吳國。為了籠絡世家大族，曹魏創立了名為「九品中正制」的選官制度。朝廷選「中正」官，將地方上的士人評定為九個品級，再根據品級授官。評定標準兼顧家世、德行、才能，但決定性的因素還是家世。九品中正制下，世家大族壟斷了高級官職，社會地位極高。慢慢地，世家大族固化為貴族階層，進而發展成為士族。士族主導了中國的政治近四百年，直到隋唐時期九品中正制被廢除。

劉備死後，後主劉禪繼位，諸葛亮主政。雖然蜀國擁有「天府之國」成都，但南面的雲貴地區生活著少數民族西南夷。西南夷時常叛亂，這讓蜀漢政權很頭疼。諸葛亮治理西南夷採用軍事進攻與心理招撫並舉的方式，以「攻心為上」。西南夷有個首領叫孟獲，諸葛亮出兵將他俘獲，而後又赦免，還授予他官職，最終贏得西南夷的真心歸附。這件事被後世改編為「七擒孟獲」的故事，雖然思想核心相似，但七擒之事多半是虛構的。諸葛亮曾數次北伐中原，但收效甚微。蜀漢本來實力就弱，還要經常出征，這給民眾帶來了很大負擔。諸葛亮治理下的蜀漢，刑罰和政令相當嚴苛，百姓生活比較困苦。蜀漢存在的四十餘年裡，國家的人口數量幾乎沒有增加。真實的蜀漢和諸葛亮，和小說中的高大形象相差較大。

吳國是江東的坐地戶，全心全意地發展本地經濟，促進了南方經濟的開發。吳國河流眾多，造船業也很發達，對外交往比較活躍。吳國使者曾出訪林邑和扶南，大致在今天的越南、柬埔寨等地區。西元二三〇年，吳國萬人船隊到達了一個叫「夷洲」的地方，

---

2 這個數字只是官府掌握的戶籍人口數，並非實際人口數。在當時，有五類人口不納入戶籍：依附於世家大族的蔭戶、屯田制的屯戶、為官府服務的軍戶與吏戶，還有少數民族人口。不納入戶籍的人口數可能遠多於戶籍人口數。根據近來學者推算，三國後期的實際總人口數，應該在一千五百萬以上。

就是今天的臺灣，這是大陸和臺灣有聯繫的最早記載。

從漢末的群雄混戰，到後來的三國鼎立，軍閥越打越少，歷史在分裂中孕育著統一。經過幾十年的發展，到三國後期，曹魏的國力已經完全碾壓吳、蜀，統一又只是時間問題了。

53 西晉的建立

西晉統一品質低 羊車選妃興致高

相傳，曹操做過一個怪夢，夢見三匹馬同在一個槽裡進食。曹操死後，這個怪夢應驗了。司馬氏吃了曹（槽）家江山，篡權建立了西晉。而曹操夢中的「三匹馬」，乃是司馬懿和他的兩個兒子。

曹魏時代，由於九品中正制的推行，高級官職逐漸被世家大族壟斷。這些形成於漢朝的世家大族，逐漸升級成為士族門閥。他們享有特權，壟斷仕途，主導了魏晉南北朝時期特有的門閥政治。門閥政治下，無論誰在皇帝寶座上，都必須獲得士族門閥的支持，否則江山就坐不穩。司馬氏就是士族，而且是勢力很大的河南士族，是曹魏政權必須拉攏的實力派。早在曹操時代，司馬懿就出仕為官。曹操看他走路時眯著眼、左右環顧，說他這是「狼顧之相」，是謹慎多疑的表現，因此還告誡兒子曹丕今後提防司馬懿。曹丕稱帝後，繼續重用司馬懿。曹丕之後是魏明帝，魏明帝死後，年幼的曹芳繼位。司馬懿以太尉之職，與宗室大臣曹爽共同輔政。代表宗室勢力的曹爽，對司馬懿處處壓制。為了暫避鋒芒，司馬懿稱病，天天在家「躺屍」。曹爽以為年近七旬的司馬懿真的要不久於人世了，就放鬆了警惕。西元二四九年正月，曹爽陪同皇帝去祭掃魏明帝的高平陵。司馬懿突然發動政變，關閉城門，控制了京師。最後，曹爽全家被誅殺，司馬懿徹底控制了曹魏政權。

司馬懿死後，兩個兒子司馬師和司馬昭先後主政曹魏。此時的曹魏，已經對吳、蜀形成壓倒性的優勢。西元二六三年，曹魏大軍兵臨成都，後主劉禪出城投降，蜀漢滅亡。司馬昭死後，其子司馬炎上臺，再次上演了禪讓制的戲碼。他在西元二六六年受禪稱帝，結束了曹魏，建立了晉朝，史稱西晉，司馬炎就是晉武帝。西元二八〇年，西晉滅吳。至此，三家歸晉，自漢末以來近一百年的國家分裂狀態結束了。晉武帝對「失業」的同行很是照顧，西晉都城洛陽，儼然「亡國之君俱樂部」。魏元帝曹奐、蜀後主劉禪、吳後主孫皓，都生活在這裡。他們每日歌舞昇平，劉禪甚至「嗨」得樂不思蜀。

雖然西晉實現了統一，但對皇權政治而言，這是一種「低品質的統一」。司馬氏能夠篡權成功，關鍵在於士族的支持。實際上，司馬家族本身就是士族的一員，只是實力和運氣更強一點，因而奪得了皇帝的名號。西晉政權的實質，是司馬氏與其他士族聯合執政。在士族門閥政治下，政權就像一個股份制公司。皇帝是董事長，士族都是大股東。董事長必須得到大股東的支援，才能維持公司穩定。所以，晉朝皇帝的權威並沒有秦漢皇帝的那麼高。史書記載了這樣一個故事，晉武帝一次南郊祭天，祭禮完成後，他躊躇滿志地問近臣劉毅：「愛卿覺得我和漢朝哪個皇帝可以相比？」劉毅偏不迎合晉武帝，他冷冷地回答道：「可與桓、靈二帝相比。」晉武帝有點楞了，反問道：「我雖不及古代賢德，但我能盡力克制私欲，專心理政。何況我還平定了吳郡、會稽之地，統一了天下。再不濟，我也比桓、靈二帝強吧？」劉毅繼續「補刀」：「桓、靈賣官，錢入官庫；陛下賣官，錢入自己腰包。由此說來，陛下還不如他們兩人呢！」萬人之上的皇帝被臣下說成這樣，可見皇帝的權威並非一直至高無上，不容侵犯。晉武帝為了給自己找臺階下，又笑嘻嘻地說道：「桓、靈二帝在位時，聽不到臣下說這樣正直的話，如今有敢於直言的臣子，說明我還是比他們兩人強！」[1]這個回答雖然機智，卻也凸顯了皇權地位的尷尬。面對士族門閥的強勢，晉武帝也力圖改變這種局面。為了提升司馬宗室的勢力，他先後封了二十七個宗室為王。這些諸侯不僅手握軍隊，還能直接參與朝政。

西晉「低品質統一」的另一個表現，是統治階層迅速腐化。晉武帝出身豪門，帝業恩蔭於祖上，沒有品嘗過建國的艱辛，很容易滋生「驕泰之心」。滅吳之後，晉武帝接

1　帝嘗南郊，禮畢，喟然問毅曰：「卿以朕方漢何帝也？」對曰：「可方桓、靈。」帝曰：「吾雖德不及古人，猶克己為政。又平吳會，混一天下。方之桓、靈，其已甚乎！」對曰：「桓、靈賣官，錢入官庫；陛下賣官，錢入私門。以此言之，殆不如也。」帝大笑曰：「桓靈之世，不聞此言。今有直臣，故不同也。」（《晉書．劉毅傳》）

收了吳國後宮數千江南女子，又從民間海選大量嬪妃，這導致後宮女子多至過萬。女人太多了，晉武帝發愁該如何選擇。後來，他「腦洞大開」地發明了一個「羊車選妃」的法子。就是坐在羊拉的小車上，讓羊在後宮裡閒逛，羊車停在哪裡，晚上就臨幸哪裡。後宮女子「望羊興嘆」，為了爭寵，紛紛在寢宮門口放上新鮮竹葉，又往上面灑上鹽水，因為羊喜歡這個味道。論後宮玩耍的情趣與技巧，晉武帝堪稱創新型人才。

上梁不正下梁歪，皇帝花式享樂，統治集團也奢靡成風。晉武帝的舅舅王愷，特別喜歡炫富。後來，另一個愛炫富的士族人士石崇搬到了洛陽，二人棋逢對手，展開了令人咋舌的鬥富。王愷家用麥糖洗鍋，石崇家把白蠟當柴火燒。王愷家門前有四十里紫絲編織成的步障[2]，石崇就用更貴重的織錦鋪設了五十里步障。王愷感覺自己被比下去了，就找晉武帝幫忙，晉武帝把宮裡藏的一株兩尺多高的珊瑚樹賜給了王愷，讓他拿去充臉面。石崇見到後，輕蔑地冷笑，用一支鐵如意將珊瑚樹敲得粉碎。王愷急了，石崇卻很淡定，說：「別急，我賠給您就是了。」不一會兒，石崇的下人就從家裡搬來了幾十株珊瑚樹，讓王愷挑選。光是三四尺高的，就有六七株。王、石二人鬥富，王愷完敗。

士族當權、皇帝享樂、權貴鬥富，西晉王朝到處充斥著腐朽的味道。這還不算什麼，等晉武帝死後，更刺激的事來了——西晉竟然出了個傻子皇帝！

2 古代顯貴者出遊時，於道旁設下遮蔽風寒塵土或禁人窺視的帳幕。

54 八王之亂

傻皇帝八王之亂 亡西晉五胡亂華

民間有個說法：如果父母太過優秀，就會耗盡子女的運氣。子女要麼天生愚笨，要麼命運不濟。雖然這個說法有點迷信，但對晉武帝和他的兒子司馬衷來說，還果真應驗了。

司馬衷生下來就是一個傻子，智力嚴重低下。有一次，司馬衷在後宮花園裡聽見蛤蟆叫，隨即就問身邊的隨從：「這蛤蟆是為公家叫，還是為私家叫？」隨從們被這個問題問傻了，為了哄他，順口回答：「這蛤蟆在公家的地盤上叫，那就是為公家叫的。」[1]司馬衷聽後深信不疑，十分開心。人雖然傻，但司馬衷生得好。晉武帝的嫡長子夭折，司馬衷是嫡次子，九歲時就被立為太子。隨著司馬衷漸漸長大，晉武帝也發現這孩子的智商有點異於常人。這樣的太子，今後能當皇帝嗎？晉武帝心裡也嘀咕。為了測試司馬衷的智商，晉武帝出了一些測試題，讓司馬衷作答。司馬衷的太子妃名叫賈南風，是權臣賈充的女兒，頗有心機。她看公公送來了測試題，立即認識到事態的嚴重性，她趕緊找來外援。可是外援寫的答案引經據典，明顯不是憑太子的智商能寫出來的。聰明的賈南風又將答案換成類似太子風格的幼稚語言，又讓太子親自抄寫。晉武帝一看卷面歪歪扭扭的字體，就知道是太子作答的；再看內容和文筆，更加深信不疑。細細讀後，晉武帝認為文筆雖然稚嫩，但內容倒也沒什麼毛病，基本符合邏輯。晉武帝很高興，他相信太子並不傻，只是反應慢而已。就這樣，傻太子的位置保住了。

西元二九〇年，晉武帝駕崩，三十二歲的司馬衷繼位，是為晉惠帝。傻子皇帝趣事多。有一年，民間發生大饑荒，接到奏報後，司馬衷竟然天真地問道：「民眾沒有飯吃，那為什麼不喝肉粥呢？」[2]皇帝雖傻，但架不住皇后精明，賈南風的春天來了。當時，外戚楊駿專權，與賈南風產生了衝突。深思熟慮後，賈南風使出了借力打力的大招。前面說過，晉武帝為了制衡士族門閥，曾大封司馬氏為諸侯。諸侯手中握有軍隊，權勢很大。楊駿的專權也引起了諸侯的不滿，賈南風便下密詔讓楚王司馬瑋領兵進京，以謀反的罪名誅滅了楊駿三族。楊駿被殺後，汝南王司馬亮與元老大臣共同執掌朝政。緊接著，賈南風又下密詔讓司馬瑋領兵殺了司馬亮。隨後，賈南風又誣陷司馬瑋矯詔，將司馬緯也處死了。就這樣，不費一兵一卒，賈南風幹掉了全部競爭對手，獨攬大權。

---

1 帝（晉惠帝）又嘗在華園，聞蝦蟆聲，謂左右曰：「在此鳴者，為官乎，私乎？」或對曰：「在官地為官。」（《晉書．惠帝紀》）

2 天下荒亂，百姓餓死，帝曰：「何不食肉糜？」（《晉書．魏帝紀》）

賈南風當權後，有一件事一直耿耿於懷，就是她不能生孩子。更讓她受不了的是，晉惠帝的庶子司馬遹被立為太子。司馬遹自幼聰慧可愛，當年很受祖父晉武帝的喜愛。武帝之所以傳位給司馬衷，可能也是希望孫子今後能繼位。太子不是自己所生，賈南風擔心他繼位後，自己會失勢，就廢掉了太子，並將其殺害。賈南風殺害太子，趙王司馬倫以此為由發動政變，廢掉了賈南風。後來，司馬倫還廢掉了晉惠帝，自己篡位當起了皇帝。司馬倫廢帝自立，刺激了其他諸侯王：既然皇位可以搶，那我們也搶！就這樣，又有多個諸侯王加入權力爭奪中，西晉王朝徹底亂了套。最後，東海王司馬越獲得了勝利，控制了朝政。從誅殺楊駿到東海王獲勝，十六年間，西晉先後有八個諸侯王參與了這場宗室混戰，史稱「八王之亂」。八王之亂不僅讓宗室內部自相殘殺，也給民眾帶來了無盡的苦難。再加上那幾年自然災害頻發，許多活不下去的農民開始起義。在西晉王朝內亂頻仍之際，北方少數民族乘虛而入。緊隨八王之亂的，是「五胡亂華」的紛亂。

五胡，是指匈奴、鮮卑、羯、氐、羌[3]這五個少數民族。他們原本生活在北方邊塞以外，東漢以來，他們不斷內遷。首先是東漢初期，漢光武帝為了緩和民族衝突，同時也是為了加強管控，實行了少數民族內遷政策，允許他們遷居到長城以內；其次是東漢末年以來，長期的戰亂導致中原的人口驟減，為了補充勞動力和兵源，統治者繼續允許少數民族內遷。另外，漢末以來的氣候變化也加速了內遷的進程。當時，中國正處於小冰河時期，年平均氣溫比現在要低攝氏一到兩度，淮河冬天時都會結冰。五胡多是逐水草而居，為了追求溫暖濕潤的牧場和生活之地，他們加速了南遷步伐。就這樣，五胡持續內遷了二百多年，使中國的民族分布情況發生了重大變化。以前是漢人在中原，少數民族在周邊，是為「內諸夏而外夷狄」的格局。到了西晉時期，變成了「西北諸郡，皆為戎居」和「關中居人，戎、狄居半」的混合雜居狀態。少數民族內遷後一直在漢化，許多人的生活方式和文化水準與漢人無異，但他們的社會地位並未提高，長期受到漢族統治者的壓迫。在戰亂時期，胡人經常被擄掠販賣。即便是石勒這樣的羯族頭目，也曾被當作奴隸販賣。販賣時，每兩個奴隸套在一個枷鎖上，奴隸們飽受饑餓與毒打，如同牲畜一般。八王之亂後，西晉王朝徹底失控。常年遭受壓迫的胡人，終於找到了「翻身奴隸把歌唱」的機會。他們組成軍隊，對漢人展開了報復性的進攻與屠殺。

西元三一六年，五胡中的匈奴攻破了長安，俘獲了晉湣帝，西晉滅亡。就這樣，篡位而建的「低品質統一王朝」——西晉，壞在傻子當國，栽在八王之亂，亡於五胡亂華。

---

3 這一說法較早出現於南宋洪邁的《容齋隨筆》一書，後來，元朝的胡三省為《資治通鑒》做注，將「五胡」定義為匈奴、鮮卑、羯、氐、羌這五個少數民族，這個定義被後世廣泛接受。

55 東晉的建立

東晉立國王與馬 門閥政治到江東

炫富，是當今社會常見的一種行為。用心理學來分析，炫富行為多是內心不自信的表現。在西晉末年，宗室司馬睿鎮守江東。由於在當地缺乏威望，為了找自信，大臣王導為司馬睿策畫了一場炫富表演。這場炫富表演之後，司馬睿在江東樹立了權威，藉此開創東晉王朝。

司馬睿出身西晉宗室的旁支，他的爺爺是司馬懿的庶子，在西晉時期獲封琅邪王。就在司馬睿襲封琅邪王的同一年，他的堂兄司馬衷即位，就是那個著名的傻子皇帝。隨之而來的，是賈后亂政和八王之亂。與其他諸侯王相比，司馬睿實力較弱，所以他一直避免捲入爭鬥。在司馬睿的封國琅邪國，有個王氏家族，是當地最顯赫的士族，人稱「琅邪王氏」。琅邪王氏的王導，與司馬睿同歲，二人性格、脾氣很合得來，因而成了摯友。王導很有政治遠見，他見諸侯們爭鬥不休，又看內遷胡人蠢蠢欲動，料定了北方遲早會陷入大動亂中。因此，他勸說司馬睿儘快離開首都洛陽這個是非之地。琅邪國的南面是東海國，司馬睿和東海王司馬越關係密切。八王之亂中，司馬越獲得勝利，司馬睿政治站隊成功。因此，司馬睿向司馬越請求去鎮守江東。司馬越此時也想在江東開闢分支基地，便批准了司馬睿的請求。西元三〇七年，司馬睿攜王導渡過長江，移鎮江東的建鄴（在今南京）。

長江自蕪湖到南京一段，流向為自西南向東北，此段以東的地區稱為江東，也稱「江左」[1]。三國時期，江東是吳國的核心地盤，孫吳的都城就設在建鄴（孫吳時稱「建業」）。司馬睿移鎮建鄴時，距孫吳滅亡僅二十多年。江東人視西晉如同曹魏，視之為外來政權。司馬睿初到江東，當地士族根本不把他放在眼裡。他抵達後的頭一個月裡，沒有一個江東士族來拜訪他。雖說強龍不壓地頭蛇，但地頭蛇卻把強龍當成了小蚯蚓。為了給司馬睿找面子，也為了搞定江東士族，王導策畫了一場「上巳節炫富事件」。

上巳節在農曆三月第一個巳日，後來固定在了三月三日。這一天，江東民眾會到水邊沐浴，用蘭草洗身，祈求消災祛病，這一習俗稱為「修禊」。沐浴之餘，民眾們還會順便遊覽、購物、聚餐。慢慢地，上巳節發展成為江東民眾的郊遊小假期，非常熱鬧。在王導的策畫下，公元三〇八年的上巳節，司馬睿成功登上了「江東新聞」的頭條。這

1 古代風水講究坐北朝南，《易經》也說「聖人南面而聽天下，向明而治」。所以，古人的地理視角多是從北向南看，故而東面在左，西面在右，江東在古代又稱「江左」。

一天，司馬睿衣著盛裝，乘坐著豪華肩輿（轎子）出行。緊隨其後的，是王導率領的北方士族，他們騎著高頭大馬，威風十足。再後面，是盛大的儀仗隊伍，有足足半條街那麼長。換到今天，相當於乘著頂級雙門勞斯萊斯，後面緊跟著數十輛悍馬吉普車和中巴，走到哪兒都會登上熱搜榜的那種場面。司馬睿穿街過巷，觀者如織。江東士族講究排場至上，看到這場面，他們全都折服了。司馬睿趁熱打鐵，事後召見了江東士族代表，任命他們為官，與他們聯姻，終於獲得了當地人認可。

經過王導的不懈努力，司馬睿在江東站穩了腳跟。在此期間，北方深陷五胡之亂的困擾中，大量北方士族與民眾渡江南逃，江東成了中原人的避難所與新天地。西元三一六年，匈奴軍隊攻破長安，西晉滅亡。此時，司馬睿已在江東經營了十年左右，成功為晉朝接盤。在王導與南北士族的擁戴下，司馬睿於西元三一七年在江東重建晉廷，定都建康（即建鄴，避諱晉湣帝司馬鄴而改名）。後世為了加以區分，稱司馬睿在江東開創的晉朝為東晉，稱之前的晉朝為西晉。

司馬睿並非皇族近支，也無過人的膽量與謀略。他能夠登基稱帝，可以說全靠以王導為首的南北方士族的支持，是士族門閥影響政治的結果。就像股份有限公司裡的股東一樣，士族在東晉朝廷擁有極高的話語權。整個魏晉時期，皇權都處於士族的影響之下。與秦漢時期的皇權至上不同，東晉政權是皇帝與士族聯合執政，皇帝只是士族的話事人。這種類型的權力結構和特徵，與歐洲中世紀時期的封建領主政治頗為相似。有日本學者因此認為：魏晉時代就是中國歷史上的「中世紀」。不少國內外學者也認為魏晉時代是中國的封建時代，此種觀點被稱為「魏晉封建論」。

東晉的士族門閥政治，主要有三大特點。一是「皇帝垂拱」，即皇帝不掌握實權，是垂衣拱手的吉祥物而已。二是「士族當權」，即士族掌握軍政大權。在登基大典上，司馬睿甚至邀請王導共坐御床，時人稱：「王與馬，共天下。」除了琅邪王氏，陳郡謝氏在東晉時期也很顯赫，「舊時王謝堂前燕」說的就是王家與謝家。士族間盛行門第婚，靠政治聯姻維護關係，利益與共。百年間，琅邪王氏出了八位皇后，而東晉一共才十一位皇帝。東晉門閥政治的第三個特點是「流民禦邊」，江東原住民不願當兵，時常隱匿人口，朝廷只好招募北方流民當兵。其中，最為精銳的部隊是北府兵，因駐紮在建康北門戶的京口（在今鎮江）而得名。北府兵在後來的歷史中扮演了極其重要的角色。

東晉一朝，偏安南方，既無百家爭鳴之璀璨，也無天下一統之恢宏，著實有些平庸。然而，在五胡亂華之際，東晉能夠給步履維艱的中華正統文明開闢「江東避難所」，使華夏衣冠得以延續，使中華文明得以喘息，也算是厥功至偉。由此而言，東晉可謂是「諾亞方舟王朝」。

56 東晉與南朝

續文明衣冠南渡　大開發南北平衡

東晉建立後，司馬氏皇帝垂拱，士族門閥當政。建國功勳王導家族權勢熏天，王導在內主政，其堂兄王敦在外掌兵，兄弟倆承包了朝政。司馬睿試圖削弱王氏兄弟，卻激起了王敦的反叛。叛軍一度攻陷建康，司馬睿氣憤地對王敦說：「你若想要我這個位置，你就早點說，我可以回琅邪，何必讓百姓受苦？」[1]儘管王敦叛亂最終失敗，但並未動搖琅邪王氏在朝中的地位，王導仍舊是宰相。

東晉存在的一百餘年間，有數位將領組織北伐，想要收復中原故土，祖逖是其中的代表。祖逖是成語故事「聞雞起舞」的主角，據說他每日雞鳴時便會起床練習劍術。當時，司馬睿剛剛在江東立足，對北伐有心無力，只封給祖逖一個「奮威將軍」的名號，讓他想辦法自己招兵買馬。祖逖率領南遷流民渡江，很快便組織了二千多人的隊伍，成功收復了黃河以南的部分故土。但由於缺乏後援，加之東晉朝廷內部傾軋嚴重，祖逖北伐無果而終。東晉中期，北府兵組建，成為東晉政權抵禦胡人南下的核心軍事力量。東晉後期，北府兵大將劉裕再次北伐，取得了顯著的成果，黃河以南地區盡入東晉版圖。

憑藉著北府兵的力量，劉裕在東晉聲望日隆，逐漸權傾朝野。西元四二〇年，劉裕篡晉自立，國號為宋，史稱「劉宋」。從劉宋開始，南方進入了篡權的循環。一百六十多年的時間裡，先後篡權演變出了宋、齊、梁、陳四個政權，後世統稱為「南朝」。南朝時期，士族一心享受生活，不思進取，也不追求武功，逐漸走向衰落。而寒門庶族因出任將帥和掌管機要，開始興起，皇權也因此得到加強。

東晉與南朝，再加上之前的孫吳，六個朝代的首都皆在建康，所以南京又有「六朝古都」之稱。這些政權雖然偏安江南，但都偏安得很認真，這使得南方經濟迎來了三百年的大開發時期。中華文明勃興於北方黃河流域，而後的近三千年裡，北方始終是全國經濟的重心，到了秦漢時期，北方經濟依舊甩南方好幾條街。隨著六朝對江南的開發，北強南弱的經濟格局才開始發生改變。

在此期間，江南經濟大開發得益於三點因素。首先，仰賴北方人口的南遷。據不完全統計，當時約八分之一的北方人跑到了江南，占南方人口的六分之一。這些南遷的人被稱為「僑人」，他們不僅是優質的勞動力，還帶去了先進的生產技術，成為經濟大開

1 出自《資治通鑑・晉紀》。帝（晉元帝）脫戎衣，著朝服，顧而言曰：「欲得我處，當早言！何至害民如此！」又遣使謂敦曰：「公若不忘本朝，於此息兵，則天下尚可共安。如其不然，朕當歸琅邪以避賢路。」

發的原動力。其次，江南安定的社會環境是經濟大開發的保障。雖然東晉時期皇權衰微，南朝時期篡權現象頻發，但這些都是統治階層內部的權力爭鬥，對民眾而言，皇帝只是換了個姓而已，社會上並沒有戰亂。南方大體維持了穩定，並不像北方那樣戰亂不休。最後，南方自然條件優越，這是江南經濟大開發的先天基礎。江南的氣候溫暖濕潤，河網密佈，很適合發展農業。大量水利工程在此時興建，曾經「洪澇頻發」，現在「水田密布」，水稻種植面積大幅度增加，水稻種植技術也由原來的直接播種變成了育秧移栽，大大提高了秧苗的存活率與水稻的產量。江南還普遍實行稻麥兼作，五嶺以南地區還出現了雙季稻。那時的江南，是一片希望的田野，「荊揚晏安，戶口殷實」「江南之為國盛矣」是對江南社會的真實寫照。江南經濟大開發，使南方的經濟趕了上來，南北方的經濟趨於平衡，為後世經濟重心南移奠定了基礎。

為了鼓勵北方人口南遷，東晉推出了許多優待政策。北方人口多以家族為單位組團南遷，初到江南，東晉政府為他們設置了僑置郡縣，讓這些僑人聚居在一起，任命其中的大族長為長官。僑置郡縣多以僑人的故鄉命名，只在前面加個「南」字以示區分，比如南徐州、南琅邪郡、南臨沂縣等。世界史上，移民新大陸的歐洲人採取了類似的做法。比如紐約（New York）原意為「新約克」，名字就源於英國本土的約克郡（Yorkshire）。僑人初到江南，戶籍會被登記在白紙上，稱為白籍[2]。不同於江南本地人的黃籍，白籍民眾除了田租外，免除其他賦役。除減免賦稅外，僑人中的士族還能保持原有的特權。

南遷士族還利用自己的文化優勢影響了南方的文化形態。一個突出的表現，就是漢語語音的變化。漢朝時，洛陽是文化中心，漢語的標準音是洛陽太學裡讀書的聲音，被稱為「洛陽音」。這種語音被認為最文雅、最好聽、最標準，是那時的官方國話。東晉時期，南遷的人口將洛陽音帶到了江南。江南的原住民聽到洛陽音後，瞬間就陶醉了，盛讚它發音動聽，隨之而來的是模仿熱潮。南遷的士族謝安，出身於陳郡謝氏。他能用標準的洛陽音讀書，被稱為「洛下書生詠」。建安的原住民爭相模仿謝安的發音，甚至連他因鼻炎而特有的鼻音也一起學了去。語言的影響是雙向的，洛陽音也受到了建安本地吳語的影響，最後融合出一種全新的「金陵音」（金陵即建安）。今天，南京方言和周圍地區的方言明顯不同，其發音更接近國語（普通話），這也是歷史上當地使用金陵音帶來的影響。於中華文明而言，人口南遷也是一場深刻的文化遷徙。

古人重視衣冠服飾，認為這是文明禮教的標誌。東晉前後的人口南遷，將正統的中原文化帶到了南方，後世稱這場人口南遷為「衣冠南渡」。東晉與南朝，雖然偏安南方，但代表了中華文化的正統。在後人眼裡，多將東晉與南朝看作當時的正統王朝。

2 東晉政權穩定後，逐漸把南遷僑人納入黃籍，此舉稱「土斷」。

57 五胡十六國

五胡紛爭十六國　前秦淝水跑得快

西晉滅亡後，北方進入了十六國時期。這期間，各民族建立了二十多個政權，其中有存在感的是十六個。這些政權有先有後，有的同時存在，彼此割據與混戰了一百多年。

十六國時期的政權演變過程極其複雜，有一個簡便的記法，叫作「五涼、四燕、三秦、二趙、夏、成漢」。「五涼」，是指國號為「涼」的政權有五個，分別是前涼、後涼、南涼、北涼、西涼。是不是瞬間感覺很「涼涼」？更「涼」的是，「五涼」的建立者還分別屬於四個民族。國祚最長的，是漢人建立的前涼，立國近六十年。氐族人建立的後涼，鮮卑人建立的南涼，立國都不到二十年。北涼最奇葩，四十二年裡換了三個皇帝，一個漢人兩個匈奴人。西涼由漢人李暠建立，立國二十一年。李暠出身於士族隴西李氏，這個家族可謂是「千年老李」。其上可追溯到漢朝名將李廣，其後又有唐朝建立者李淵，「千年」的真假倒也難證。

在十六國初期，「二趙」實力最強。前趙建立者劉淵，是一個漢化了的匈奴人。東漢初期，匈奴分裂為南、北兩部。北匈奴繼續與漢朝為敵，南匈奴則選擇了歸附，並遷居到長城以內。曹魏時期，南遷的匈奴人已經高度漢化，劉淵便是其中的代表。他熟讀儒家經典，文武兼備。晉武帝很喜歡劉淵，想重用他，卻被大臣以「非我族類，其心必異」為由勸阻。後來，劉淵接替父職，並出任匈奴左部帥，相當於匈奴自治州的長官。劉淵執法嚴明，奸佞不敢橫行。他還仗義疏財、以誠待人，結交了不少豪傑和士人。八王之亂時，劉淵趁機起事，自立漢國。因祖上與漢朝皇室長期通婚，劉淵自稱「漢王」。西元三一〇年，劉淵病死，其子劉聰殺兄自立。就是這個劉聰，在西元三一六年滅亡了西晉。兩年後，劉聰病死，劉淵的侄子劉曜又奪權繼位。劉曜將國號從「漢」改為「趙」，史稱「前趙」，又稱「漢趙」。

不久，劉淵的舊將石勒反叛自立，國號也用「趙」，史稱「後趙」。西元三二九年，石勒滅前趙，成為中原實力最強的政權。石勒出身羯族，不識字，但很喜歡讀《漢書》。於是他讓漢族官員讀給他聽，就像人工點讀機一樣，想聽哪裡點哪裡。石勒聽書時善於思考，聽到劉邦實行分封制，直言此舉將會誤國，足見其政治頭腦。石勒治國尚可，後趙的稅賦低於西晉，民眾負擔有所降低。石勒死後，侄子石虎篡位。石虎是史上有名的惡魔皇帝，不僅好色，而且嗜殺。他殺光了石勒的妻妾與子孫，還殺了自己的兩個兒子。石虎治國用嚴刑苛政，民眾備受折磨。石虎死後，他的養孫冉閔篡權自立。冉閔是漢人，對胡人大開殺戒，屠殺了二十萬趙地羯人。西元三五二年，冉閔被前燕所殺。

前燕是鮮卑族慕容部建立的政權。鮮卑人的祖先生活在東北地區，有觀點認為西伯利亞之名就源於發音相似的「鮮卑利亞」。魏晉時期，鮮卑族有多個部落，慕容部生活在東北的遼河流域。中原混亂之際，慕容部也先後建立了四個政權。因他們的核心疆域在戰國時的燕國舊地，所以國號皆為燕。東北人似乎自古就很能打仗，前燕經常把後趙按在地上摩擦。蠶食了後趙領土後，前燕的疆域逐漸擴張到中原的東部。

前燕擴張的同時，氐族人苻健建立了前秦。到第三代皇帝苻堅時，前秦迅速「逆襲」。苻堅推行漢化改革，由漢人丞相王猛主持。經濟上，效仿中原政權，重視農業，勸課農桑；政治上，緩和民族衝突，恢復士族的地位，爭取漢人上層社會的支持；思想上，屏棄胡人的彪悍風氣，提倡儒學，重視文教。為了推行改革，苻堅以鐵腕手段打擊氐族保守勢力。有個氐族貴族反對改革，揚言要殺掉王猛。苻堅得知後，大罵「必須殺此老氐」，然後將他殺了。前秦崛起後，先滅前燕，後降西羌，統一了北方。隨後，苻堅又南下攻占四川，對東晉形成了包圍之勢，實現了「三分天下有其二」。苻堅還想滅掉東晉，實現天下一統。然而，對於滅晉這件事，王猛極力反對。臨終前，王猛留下遺言：「晉雖偏安吳越之地，但畢竟是華夏正統。睦鄰友好，是國之榮幸。老臣死後，願陛下不要舉兵伐晉。前秦的肘腋之患，是鮮卑和西羌，陛下要慢慢除掉它們，以安定江山。」[1]人之將死，其言也善。可處於巔峰時期的苻堅，沒有把王猛的勸告聽進去，自信地認為東晉是「垂亡之國」，不足為懼。

西元三八三年，苻堅糾結各族兵馬八十餘萬，號稱「百萬大軍」，南下伐晉。他恐嚇東晉，說前秦軍隊把馬鞭扔進長江裡，都足以使其斷流。東晉宰相謝安臨危不亂，派弟弟謝石指揮精銳的北府兵八萬人迎戰。雙方軍隊對峙於淮河支流淝水。開戰後，晉軍要求前秦軍隊後撤一些，以便晉軍渡河決戰。苻堅同意了，他心裡打著小算盤，準備在晉軍渡河渡一半時偷襲。可是晉軍的算盤打得更精，前秦軍隊剛一後撤，晉軍特務就在前秦軍陣後大喊：秦軍敗了！大家快跑啊！前秦軍隊的民族成分複雜，並不都想為氐族賣命。一聽「快跑」，大家撒腿就跑，生怕跑慢了被俘。瞬間，前秦軍隊大潰敗。淝水之戰，晉軍以少勝多，不僅延續了自己的政權，還加速了前秦的倒臺。前秦滅亡後，北方又陷入了五胡大混戰中。

人生在世，有高峰，也有低谷。智者在逆境時能看到希望，在順境時能保持清醒。在這一點上，曹操可謂智者，即便權傾朝野，卻依然把皇袍當「內衣」穿，不做時機不成熟的事。苻堅顯然不智，非要把萬千榮光都在此生實現。最後功敗垂成，皇袍也被撕碎，連「內衣」都穿不成了。

---

1 晉雖僻陋吳、越，乃正朔相承。親仁善鄰，國之寶也。臣沒之後，願不以晉為圖。鮮卑、羌虜，我之仇也，終為人患，宜漸除之，以便社稷。（《晉書．載記》）

58 北魏的統治

拓跋魏統一北方 孝文帝漢化改革

中華文明自古多元一體，文明的源頭彙聚於四方，後世的發展由多民族共同發力。歷史上，少數民族曾三次入主中原。先是十六國與北朝時，後是遼金元時，最後是清朝時。入主中原後，少數民族要融入農耕文明社會，就要實行漢化改革。歷史上的漢化改革，數北魏孝文帝改革最為有名。

北魏是鮮卑族拓跋部建立的政權。十六國中的「四燕」，是鮮卑族慕容部建立的。拓跋與慕容，是同一民族的兩個部落。拓跋部是鮮卑族中位置最靠東北的一支，原本生活在大興安嶺附近[1]。拓跋部的祖先是秦漢時期的東胡人，當年曾和匈奴死磕。匈奴遷走後，拓跋部遷居到陰山地區的匈奴故地。前秦統一北方時，拓跋部也被征服。淝水之戰前，拓跋部支持苻堅伐晉。他們並不是想看到前秦一統天下，而是期待苻堅出事，自己好趁亂搞事情。淝水之戰後，前秦土崩瓦解，北方再次陷入分裂，十六國的歷史大戲隨之進入下半場。戰後不久，拓跋部首領拓跋珪建立了北魏，後來他將首都定在平城（在今山西大同東北）。西元四三九年，北魏第三代皇帝拓跋燾統一北方，徹底結束了十六國的歷史。以此為標誌，北方進入了北朝時期，與南方的南朝對峙，合稱為南北朝。

早在統一北方之前，北魏就開始了漢化改革。經濟上發展農業，文化上推崇儒家，政治上加強與漢人士族合作。為了籠絡漢人士族，北魏搞了一個「宗主督護」制度，承認豪強大姓在地方的領導地位，讓他們充當北魏基層統治的代理人，負責戶籍管理和賦稅徵收等事宜。這種胡漢合作的策略，加速了北魏的發展，也促進了鮮卑族的漢化。然而，拓跋部在五胡中是入塞最晚的，游牧民族風氣較重。比如在官制上，北魏官員沒有俸祿，因為游牧民族以劫掠為業，不需要俸祿。入主中原後，戰爭減少了，沒法劫掠了，官員沒有收益，就轉而貪腐。這導致北魏吏治腐敗，農民起義不斷。為了適應中原內的治理模式，北魏需要更深層次的漢化改革。在這一背景下，北魏孝文帝改革開始了。

孝文帝本名拓跋宏，是北魏的第七代皇帝。他五歲時即位，在位初期，由奶奶馮太后臨朝稱制。馮太后出身北燕皇族，輔佐了三代北魏皇帝，是個鐵腕式的開明領導人。孝文帝改革的前半段，正是由馮太后實際主持的，主要內容是推行了三大漢化制度。

一是俸祿制。朝廷給官員發放固定的俸祿，嚴禁再貪腐，貪一匹絹就會被判死刑。與此同時，還推行了地方官的政績考核制度，對官員實行優勝劣汰。從此，北魏吏治逐

1 一九八〇年，內蒙古鄂倫春自治旗發現的嘎仙洞遺址就是史書《魏書》記載的拓跋部發祥地。

漸清明。

二是三長制[2]。宗主督護制度下，基層由漢人豪強大姓管理。這些豪強就像中間商一樣，在為朝廷代理的同時，自己也大撈好處。改革後，宗主督護制度被廢除，朝廷設置三長作為基層官員。三長直接對朝廷負責，告別「中間商賺差價」，既提高了朝廷收入，也加強了對地方的管理。

三是均田制。這是一種按人口分配土地的制度，北魏均田制規定：十五歲以上男子，政府授予露田四十畝，初受田男子另給桑田二十畝；婦女授予露田二十畝。露田，民眾僅有使用權，死後要交還官府；而桑田則是民眾世業私有的土地，可世代相傳。獲得土地後，每戶家庭每年要給國家交一匹帛，稱為「調」；還要交兩石粟，稱為「租」。均田制順應了北方人口減少、存在大量無主荒地的現實情況，既推動了荒地開墾和農業生產，又使農民獲得了土地，且沒有侵奪地主的土地，實現了一舉多得，堪稱完美。

西元四九〇年，馮太后去世，二十三歲的孝文帝親政。由於自幼受奶奶的薰陶，孝文帝對漢文化崇拜得五體投地。他親自主持的漢化改革更為激進，謀求將鮮卑族徹底漢化。

首先，孝文帝將首都從鄰近草原的平城遷到了洛陽。洛陽是中原文化的核心區域，遷都於此，有利於鮮卑民族接受漢文化的洗禮。遷都還可以把反對改革的鮮卑貴族踢出政治中心，讓他們在平城自行沒落。隨後，孝文帝推行了全面的漢化措施。以漢服取代鮮卑服，將胡服的左衽改為漢服的右衽。以漢語取代鮮卑語，朝中三十歲以下的官員，必須講漢語，否則就會被免官。以單音漢姓取代鮮卑複姓，孝文帝躬親示範，自己改姓為元，從拓跋宏變成了元宏。孝文帝還模仿中原士族的門第制度，對鮮卑人「定姓族」，劃分門第等級。他還鼓勵高門第的鮮卑人與漢人士族通婚，謀求血統上的漢化。孝文帝依舊以身作則，士族崔、盧、李、鄭四大家族，他各娶了一個女子，鮮卑皇室血統由此變成了胡漢混血。孝文帝的漢化改革遭到鮮卑保守派的抵制，他們在平城發動叛亂，結果被孝文帝無情地鎮壓。太子捲入其中，也被孝文帝處決了。孝文帝用鐵腕保證了漢化改革的全面推進。

北魏孝文帝改革促進了胡漢融合，有利於民族交融，加速了鮮卑族的文明進步。可是從中立的視角看，這個改革也的確有些激進，並未照顧到鮮卑族的民族特性。最終其結局也有些尷尬，改著改著，就把鮮卑族改沒了。隋唐之後，鮮卑族消失了。也許，這種尷尬正是游牧民族征服者的歷史宿命。靠馬可以打天下，但治天下得靠文化，文化才是最後的征服者。胡運不過百，過百變漢人。

2 五家劃為一鄰，設一鄰長；五鄰劃為一里，設一里長；五里為一黨，設一黨長。三長的職責是檢查戶口、監督耕作、徵收租調、徵發徭役和兵役。

59 東魏與西魏

六鎮之亂分北魏 關隴集團起武川

孝文帝改革後，北魏全盤漢化，這觸動了許多鮮卑舊貴族的利益。其中，駐守北方六鎮的鮮卑軍人最為不滿。孝文帝死後，六鎮軍民發動了反漢化的叛亂，導致北魏分裂。

北魏前期的都城在平城，它臨近北方的草原。草原曾是鮮卑的故鄉，鮮卑入主中原後，那裡被柔然人占據了。柔然也是一個游牧民族，能征善戰，對北魏構成了巨大威脅。《木蘭詩》中，鮮卑可汗點兵征討的敵人便是柔然。為了防禦柔然，北魏在臨近平城的北方邊境地區設立了六個軍鎮[1]。鎮民多是鮮卑人，由貴族統領。他們的地位很高，可以優先入朝為官，成了軍事貴族。孝文帝改革後，六鎮軍人的地位急劇下降。特別是遷都洛陽後，南遷貴族迅速漢化，政治上享盡尊榮，這給六鎮軍人帶來了更大的落差感。在南遷貴族眼裡，六鎮軍人是漢語都說不明白的土包子。因此，他們倍受鄙視和排斥。孝文帝死後，憤恨的六鎮軍人發動了叛亂，史稱「六鎮之亂」。這場叛亂最後雖被鎮壓，但北魏也被折騰廢了。後來，兩個六鎮軍閥分裂了北魏。這兩個軍閥，一個叫高歡，一個叫宇文泰。

高歡祖上是漢人，常年生活在六鎮，已經高度鮮卑化。六鎮之亂中，高歡收編了六鎮軍民二十萬人，憑此控制了北魏朝廷。高歡擁立北魏孝武帝，孝武帝不滿他專權，逃離了洛陽。高歡就索性換了個皇帝，並遷都鄴城，建立了東魏。孝武帝逃到了長安，投奔了關中軍閥宇文泰。不久，孝武帝被宇文泰毒殺，宇文泰又立了新皇帝，建立西魏。就這樣，北魏分裂成了東魏與西魏。兩魏的皇帝都是拓跋（元）氏，但實際的掌權者是高歡和宇文泰。十多年後，兩位軍閥的兒子篡權稱帝。東魏變成了北齊，西魏變成了北周。歷史上的北朝就包含北魏、東魏、西魏、北齊、北周五個政權。兩魏對峙初期，東魏實力更強，但東魏的民族衝突比較尖銳，胡漢對立嚴重。相比之下，西魏的民族融合得比較好，國力後來居上。

宇文泰世居六鎮中的武川鎮，靠武川鎮軍閥支持而起家。西魏初期，宇文泰設置了「八大柱國」[2]，其中有五人出自武川鎮軍閥。八大柱國既是貴族，也是軍事領袖。他們每人下轄兩個大將軍，每個大將軍又下轄兩個開府將軍。所謂「開府」，就是開設軍府招募士兵的意思。每個開府將軍可招募士兵一千人左右，稱為「一軍」。算下來，每個

1 自西而東為沃野、懷朔、武川、撫冥、柔玄、懷荒六鎮。

2 八大柱國中，宇文泰是高於其他人的實際掌權者，宗室元欣則是裝點門面的柱國。除去二人，實際領兵的是六大柱國。

柱國可統兵約四千人。為了保證兵源，宇文泰將招兵和均田制結合起來。農民獲得了國家均田的土地，就有義務給國家當兵。這個開府招兵的制度，後世稱之為「府兵制」。府兵農忙時務農，閒時訓練，戰時出征。府兵全家納入軍籍，無須承擔其他賦役，但出征時的武器裝備需要自備。就像《木蘭詩》中寫的那樣，出征前要「東市買駿馬，西市買鞍韉」。府兵制實現了兵農合一，既保證了兵源，又不增加財政負擔。另外，鮮卑貴族的地位也從中得到了保證。

宇文泰的民族政策比較靈活，廣泛吸納胡漢各族人士進入統治集團。府兵將領中，既有鮮卑人，也有漢人。為了照顧六鎮軍閥的反漢化情緒，西魏頒布了一個折中辦法：漢人若想要進入軍隊高層，必須改漢姓為鮮卑姓。如柱國李虎，鮮卑姓為大野氏。對於這樣表面胡化的改變，漢人倒也能接受。表面胡化的同時，西魏卻用漢法治國。按照《周禮》的官名改革官制，模仿《尚書》文體發布文告，以此標榜中華正統。與孝文帝的全盤漢化不同，宇文泰找到了胡漢融合的折中點，對過度的漢化政策進行了修正，讓各方都能接受。慢慢地，西魏形成了一個胡漢結合的統治集團，他們以武川鎮軍閥為核心，以關隴地區的胡漢貴族為基礎，近代學者陳寅恪稱其為「關隴集團」。

相傳，北魏時有個精於相面的術士路過武川鎮，他驚訝地發現：鎮上的人多有帝王之相。術士懷疑自己的技術出了問題，鬱悶地燒掉了所有相書。後世的歷史證明，這個術士看得很準。以武川鎮軍閥為核心的關隴集團，後世出了多位帝王，開創了西魏、北周、隋、唐四個朝代，主導了中國歷史數百年。這個集團有如此大的歷史影響力，在於胡漢融合得比較好。他們透過政治聯姻結成利益共同體，經久不衰。比如柱國獨孤信，他戰功卓著，身兼數職，光是印章就十四面有印文[3]。獨孤信長得還很帥，人送外號「獨孤郎」。他有七個漂亮女兒，是關隴集團內部爭相追求的聯姻對象。他的大女兒嫁給了宇文泰的兒子，後來成了北周皇后。他的四女兒嫁給了柱國李虎的兒子，生下了李淵，後來被追認為唐朝皇后。他的七女兒嫁給了大將軍楊忠的兒子楊堅，後來成為隋朝開國皇后。三個女兒都成了皇后，獨孤信堪稱「史上最威老丈人」，足見關隴集團的凝聚力和影響力。

相比於南朝士族門閥政治的僵化，北朝的關隴集團更具活力。他們在文化上汲取漢族文明，軍事上承襲胡人尚武風氣。胡漢結合，能文能武。這不僅緊扣南北朝民族融合的時代命題，還為後來包容開放的隋唐盛世定下了歷史基調。西元五七七年，北周滅掉

3 西魏獨孤信多面體煤精（煤玉）組印。一九八一年出土於陝西旬陽縣（即今旬陽市），該印高四·五公分，寬四·三五公分，呈多面球體，共八棱二十六面。其中有十四個印面鐫刻印文，分別為「臣信上疏」「臣信上章」「臣信上表」「臣信啟事」「大司馬印」「大都督印」「刺史之印」「柱國之印」「獨孤信白書」「信白箋」「信啟事」「耶敕」「令」「密」。

了北齊，北方再次實現了統一。大分裂的中國歷史，越過北朝這一關口，悄然地向統一邁進。

60 魏晉南北朝的文化與科技

放飛自我修玄學 魏晉士人有風度

魏晉南北朝時期，政權更替頻繁，社會劇烈動盪。聚散離別轉眼事，生死只在一瞬間。在殘酷的社會現實面前，知識分子無力再兼濟天下，選擇了徹底躺平。他們感嘆生命的短暫與脆弱，進而追求個體的釋放。張揚個性，放浪形骸，成為那個時代士人的普遍價值觀。

曹魏時期，玄學興起，這是繼兩漢經學之後的思想新潮流。起初，玄學用道家理論去解讀儒家思想，認為道家的「無」是自然界之根本，儒家的「名教」（倫理綱常）強調尊卑倫理秩序，這是人為的「有」。「無生有」，所以自然是本，名教是末。此時的玄學，雖推崇自然為「本」，但也不否定被視作「末」的名教。到了曹魏後期，玄學變得激進，開始以本否定末，以無對抗有，徹底否定儒家的名教。他們認為名教倫理是人性的枷鎖，主張「越名教而任自然」。這種激進的轉變，源於現實政治的刺激。司馬氏篡權，禮樂名教成了司馬氏黨同伐異的政治工具。崇尚玄學的士人看透了現實政治的虛偽，對名教大加撻伐，實際上是在批判司馬氏政權。既然無力改變，那就放飛自我，遠離政治，放縱不羈愛自由。有七個玄學代表人物，因為他們經常聚在竹林裡飲酒縱歌，人送雅號「竹林七賢」。七賢之一的阮籍，他雖然被迫出仕，但並不與司馬氏同流合污。司馬昭欣賞他的才華，想和他聯姻，被他連醉六十日搪塞過去。七賢之一的嵇康，乾脆拒絕出仕，明確表達了不合作態度，還對名教大加批判，影射司馬氏政權。最終，嵇康被司馬昭殺害。這種精神自由、清俊通脫、不畏權貴的風骨，被後世稱為「魏晉風度」。

後來的玄學家，不談國事，只專注於一些高深莫測、玄而又玄的東西。他們普遍沉溺於三件事——抬槓、喝酒、嗑藥。抬槓在當時被稱作「清談」，不同於今天的無腦「槓精」，士人抬槓很注重修辭和邏輯，更像今天的辯論。清談的方式比較靈活，可以兩人主客對談，「主」提出觀點，「客」進行反駁。也可以一主多客或一客多主，玩個舌戰群儒。還有的自問自答，自我表演。清談時，手裡還要拿著麈尾[1]，看上去仙氣飄飄。後世說魏晉士人「清談誤國」，著實是誤解。當時的國完全被政治騙子操控，士人哪有資格去誤國？實際上，清談極富思辨精神，有學者稱清談之風為「中國古代的文藝復興」。士人的第二大愛好是嗑藥，吃一種叫「五石散」的藥。藥裡有硫黃、白石英等礦物質。吃完藥，或精神恍惚，或興奮異常，要透過暴走來散發體熱，「散步」一詞由此而來。士人的第三大愛好是喝酒，既能醉生夢死以酒澆愁；還能酒後吐狂言，發洩不滿。七賢之一的劉伶，走到哪兒喝到哪兒。他還讓僕人隨身帶著鋤頭，以便自己喝死了就地掩埋。

到了東晉，魏晉風度被士族繼承，王羲之便是其中的代表。出身琅邪王氏的王羲之，是王導的侄子。當年，太尉郗鑒想與王家聯姻，就派管家到王家選婿。王家男孩個個梳洗打扮，唯有王羲之靠著東床慵懶地躺著，不僅袒胸露腹，嘴裡還吃著餅，完全沒把選婿當回事。管家回去如實稟報，郗鑒就選了王羲之為自己的「東床快婿」，因為他榮辱不驚、個性放達、不攀不附，最具士人風度。王羲之後來官至右軍將軍。可他性格率直，並不適應官場的鉤心鬥角，一心在藝術中尋求自我。五十歲那年，王羲之參加了一場酒局。那天是上巳節，四十二位士人在會稽山的蘭亭聚會。大家玩起了曲水流觴的遊戲，痛快豪飲，寫下了三十七首詩。這些詩合成了詩集《蘭亭集》，喝到興頭的王羲之現場為詩集作序，這便是不朽的《蘭亭集序》。這篇文章凝結了王羲之對人生的終極思考。榮光短暫，轉瞬即逝，儘管此時相聚甚歡，但人終究會死去。死生亦大，一切都只是過眼雲煙。《蘭亭集序》不僅是文學佳作，也是書法名篇，被譽為「天下第一行書」。《蘭亭集序》的真跡在唐朝就失蹤了，可能給某位皇帝做陪葬品了。我們今天看到的多是唐人馮承素的臨摹本。這個摹本採用「雙鉤法」[2]臨摹，極為逼真。即便是摹本，清朝的

1 一種驅蟲、揮麈的工具，清談士人身分的象徵。柄上有獸毛，看上去像是羽扇和雞毛撣子的結合體。

2 用線條鉤出所摹的字筆劃的四周，構成空心筆劃的技法。

乾隆帝看了依舊愛不釋手，還在上面瘋狂蓋章「按讚」。

魏晉士人沉浸於玄學，普羅大眾則靠佛教尋找精神寄託。魏晉南北朝時期佛教大盛，佛教繪畫與佛像石窟藝術空前發展。在亂世中，一些知識分子關注蒼生，在動盪中總結生存的技能。北朝的賈思勰，生活在北魏孝文帝時期，當時的漢化改革對農業十分重視。後來，賈思勰當了太守，每到一地，他就注意總結當地的農業生產技術，最終寫成了《齊民要術》一書。這部農業科學著作不僅記錄了田間地頭的農業生產技術，還收錄了許多食品加工方法，如釀酒、製鹽、做醬、造醋、做豆豉，甚至還教你如何炒雞蛋，堪稱「生活妙招大百科」。與賈思勰同時期的還有一位南朝的數學家，名叫祖沖之。他將圓周率精確到小數點後第七位，還創製了當時最先進的曆法——《大明曆》。

魏晉南北朝，多事之秋。那個時代的知識分子，以不同的方式關愛生命、注視天地。思想家和文學家，體察人性之關懷，為天地立心；科學家與農學家，探究自然之奧祕，為生民立命。最讓後世欽佩的，是魏晉士人的風骨，他們精神獨立，個性解放，敢於放飛自我，能夠活成自己想要的樣子。